KB024144

프로파일링
케이스 스터디

대한민국 경찰청
제1호 프로파일링 마스터
권일용의

프로파일링 케이스 스터디

권일용 지음

서문

퇴직한 지 벌써 4년이 흘렀다. 그 당시에는 너무 지쳐 있었고 이대로 살다가 갑자기 죽을 것 같다는 생각이 엄습했다. 그렇게 평생 보장된 정년을 다 채우지 않고 2017년에 퇴직했다. 현직에서 프로파일러로 근무할 때 가장 두려웠던 것은 지금 내가 하고 있는 사건의 분석이 과연 얼마나 정확할까에 관한 것이었다.

그것은 단순히 분석 결과에 대한 평가가 두려운 것이 아니었다. 만약 잘못된 분석 결과를 제시하여 범인 체포가 늦어진다면 또 다른 피해자가 생길 수 있다는 두려움이었다. 결국 그 두려움은 오랜 시간 나의 몸과 마음을 갉아먹고 있었다.

물론 사건 수사는 프로파일러 혼자 하는 것이 아니다. 현장에 투입된 과학수사요원, 수많은 정보를 수집하여 범인을 추적하는 수사형사 들이 모두 힘을 합쳐야만 가능하다. 그러나 급격히 발전되고 진화된 이상심리 범죄에 대응하기 위해 여러 사건에 프로파일러가 투입되었고 그만큼 엄청난 무게를 짊어져야 했다. 남은 일은 후배 프로파일러에게 맡기고 한 걸음 물러서서 이 사회에 범죄자의 민낯을 알려주는 것도 나의 일이라 생각했다.

사람들이 불확실한 미래와 알 수 없는 결과에 대한 두려움으로 세상을 살아가는 것처럼 나 역시 퇴직 당시 앞으로 무엇을 할 수 있을까에 대한 두려움과 막연하고 불분명한 미래에 대한 두려움이 컸다. 그 두려움을 용기로 바꾸기 위해 나를 사랑하는 가족, 친구, 선후배 들을 자주 만났다. 그리고 나는 결코 혼자 있는 것이 아니라는 생각으로 차분히 길을 찾아 걸어왔고 현재에 다다랐다.

여러 강의와 방송을 하면서 범죄를 알리고 예방하기 위해 어떤 사회적 논의가 필요한지 나름대로 전달하고 있다. 이제 범죄는 남의 이야기가 아니라 나와 내 가족 누구라도 피해자가 될 수 있는 시대가 됐기 때문이다.

퇴직을 하면 모든 것에서 자유로워질 것이라 생각했을 만큼, 나를 힘들게 하는 모든 것들로부터 제발 벗어나고 싶다는 갈망이 가장 컸다. 그러나 삶은 늘 새로운 모습을 보여준다. 강의와 방송이 이어지면서 현직에 몸담고 있을 때

보다 더 많은 책을 읽으며 사회현상을 이해하기 위해 공부하고 노력하고 있다. 퇴직과 함께 공부하는 시간이 많아졌기에 가능한 일일지도 모른다.

결국 범죄는 어느 개인의 문제가 아니라 우리 사회의 문제이고, 나와 내 주변인 누구라도 피해자가 될 수 있다는 것. 그러나 중요한 것은 절대다수의 우리 선량한 국민은 범죄자를 정면으로 마주 보고 이겨낼 수 있을 만큼 강하다는 것을 믿게 됐다.

범죄는 유형별로 그 범죄자의 특성이나 심리가 유사하다. 범죄 유형을 케이스별로 나누어 소개한 것은 유사한 성격이나 삶의 방식, 사고방식을 가진 자들이 유사한 범죄를 저지른다는 것을 전제로 케이스별 범죄행위, 범죄자의 태도와 행동을 통해 범죄로부터의 예방법을 살펴보기 위해서였다. 안타깝게도 범죄자들의 더 구체적인 정보가 없기 때문에 함부로 추정할 수는 없지만 유형별로 나누어서 본다면 보다 더 범죄자의 심리를 알 수 있는 단서를 찾을 수 있을 것이다.

케이스 스터디가 왜 필요한지 궁금한 이들이 있을 것이다. 이론과 실제는 반드시 같아야 한다는 것을 알리고 싶었다. 둘 중에 하나가 다르다면 분명히 잘못된 것이다. 이론을 실제에 잘 적용하지 못하기 때문에 다르다고 생각할 뿐이다. 이론 연구가 잘되어 있으면 갑작스러운 상황에 대응할 수 있는 능력이 높아진다. 즉, 케이스 스터디는 이론을 어떤 방식으로 적용하는지에 대한 일종의 방법론이 될 수 있다. 이론과 실제 사례의 접목은 이론과 실제를 연결하는 중요한 작업이다.

우리가 알아야 할 것은 단순히 범죄자의 심리가 아니라 그들이 어떤 방식으로 범죄를 저질렀고, 피해자와 사회를 향해 어떻게 생각하고 파악하고 있는지에 대해서다. 이 책을 통해 지나온 범죄의 흐름을 이해하고 현재와 미래에 어떤 범죄가 일어날 것인지, 그렇다면 무엇을 준비할 것인지 우리 모두 고민해 보는 기회가 되길 바란다.

권일용

목차

3장

두 번째 케이스 스터디

성범죄와 디지털 성범죄

4장

세 번째 케이스 스터디

묻지 마 범죄

5장

네 번째 케이스 스터디

정신장애 범죄

6장

다섯 번째 케이스 스터디

증오범죄

7장

여섯 번째 케이스 스터디

사이코패스와 성격장애

8장

일곱 번째 케이스 스터디

청소년 범죄

PROFILING CASE STUDY

프로파일러란?

1

왜 프로파일러가 필요한가

프로파일링 수사 기법은 1972년 FBI 행동과학팀(BSU)에서 연쇄 살인범의 프로필을 작성하여 범죄 수사에 활용한다는 의미로 개념화되었다. CSI(범죄현장수사, Crime Scene Investigation)는 범죄 현장에서 현장 조사를 진행하는 일을 수행하는 역할을, 프로파일러는 범죄 현장을 재구성하고 심리적인 분석을 병행하며 수사를 지원하는 역할을 한다. 프로파일러는 단순히 체포된 범죄자의 심리를 분석하는 것이 아니라 범죄 현장에 직접 투입되어 범행의 동기와 목적을 분석하고 용의자 검거와 신문 전략을 수립하여 범죄 수사를 지원하는 것을 목적으로 한다. 다만 동기와 목적, 신문 전략 등을 수립하기 위해 심리학적 분석이 포함되는 것이다.♀

프로파일러는 현장에 나타나는 과학적인 단서, 범죄자가 남긴 행동과 심리적인 특성을 잘 융합하여 사건의 실체를 밝혀내는 역할을 한다. CSI가 발자국, 지문, DNA와 같은 물리적인 증거들을 수집하고 감정하는 역할을 한다면, 프로파일러는 이 발자국이 과연 어느 방향으로 향했는가, 범인은 왜 이 집을 선택하여 침입했는가 하는 등 범죄자가 어떻게 행동하는가, 또 왜 그런 행동을 하게 되었는가에 관심을 가지고 연구하며, 그 자료를 토대로 범죄 수사를 지원한다.

♀ 권일용, 『프로파일링 이론과 실제』, 박영사, 3P

우리나라 CSI는 해외의 미제 사건 수사팀 '콜드 케이스(Cold Case)'팀과 활발하게 교류하고 있다. 문화·사회적인 특성이 다르므로 외국과의 범죄 양상은 다르게 나타나지만 범죄자가 범행을 저지르는 동기를 분석하거나 용의자가 발견되었을 때 범인으로 지목하고 자백을 받아내는 과정의 신문 기법은 공통적으로 유사한 특성을 가지고 있어 수사 기법을 공유하는 것은 상호간에 큰 이점으로 작용하기 때문이다.

미제 사건은 한국 사회에서 굉장히 중요한 의미를 갖고 있다. 기존의 한국 사회의 살인 범죄는 15년이라는 공소시효가 있었다. 하지만 잔혹범죄가 발생하기 시작하면서 한국 사회에 변화가 일었다. 지금 살인 범죄, 미성년에 대한 성범죄의 공소시효가 사라지게 된 계기다. 공소시효가 존재한다는 의미는 15년이 되면 수사를 중단한다는 것과 같다. 범인을 검거하는 데 있어 더 이상의 발전이란 불가능했던 것이다. 그런데 공소시효가 없다는 것은 범인을 어떤 방식으로든 끝까지 추적하고, 사건이 발생한 당시에 밝혀내지 못했던 증거물을 과학의 발전으로 찾아낼 수 있는 연결 고리를 갖기 때문에 무척 중요한 의미를 갖는다.

이 같은 면에서 프로파일러의 역할이 중요하다. 프로파일러는 범죄 현장에서 나타나는 많은 단서들과 수사관이 수집한 다양한 정보들, 이를 통해 분석한 범죄자의 심리와 행동을 융합해 사건을 해결하는 기능을 수행하기 때문이다.

범죄자들의 행동은 일정한 패턴을 가지고 있다. 유사한 범죄를 저지르는 자들은 유사한 성격 특성이 있다는 것을 전제로 한다. 그리고 유사한 행동을 한다는 의미는 결국 비슷한 유형의 성격이나 성향을 내재하고 있다는 것이다. 따라서 범죄를 유형별로 분류하고 각 유형에 따른 범죄자의 공통된 특성을 수집·분석하여 활용한다.

대부분의 사람은 자신과 성격이 비슷한 사람을 만나면 굉장한 친밀감을 느낀다. 이 친밀감의 속도 또한 무척 빠르다. 취미 활동, 다양한 문화 활동을 함께하는 그룹 안에서 편안함을 느끼는 것과 같다. 이 같은 보편적인 사람들의 심리가 범죄 현장에 응용된 것이 프로파일러의 범죄행동분석이다. 그래서 비슷한 행동의 범죄, 예를 들면 범행 전에 어떤 준비를 했는가, 어떤 방식으로 범행을 저지르는가, 범행을 끝낸 후에는 어떻게 증거를 인멸하는가, 이 3단계의 과정은 성격 유형에 따라 천차만별로 나타난다. 하지만 오랫동안 범죄 현장을 분석한 사람들이 투입되어 관찰을 했을 때 비슷한 맥락을 가진 행위들이 연결되어 있다는 것을 파악해 낼 수 있기 때문에 그 연결 고리를 찾아서 범죄 수사를 지원한다.

프로파일링에 관해 여러 학자들의 이론을 종합해 보면 '프로파일러는 사람들의 행동을 분석한다'고 정의할 수 있다. 성격심리학의 많은 이론은 결국 사람의 행동은 성격으로 알 수 있다고 설명한다. 사람들은 동일한 자극에 모두 다르게 반응하기 때문에 바로 이 행동을 통해 성격이 나타난다는 이론이다. 사건 현장에서 나타난 범죄자의 행동분석을 통해 범인의 성격, 직업적 특성, 대인관계 방법 등 다양한 프로필을 찾아낼 수 있다. 이 같은 '범죄자 프로파일링(Offender Profiling)' 기법을 통해 범인을 추론해 나간다. 그렇다고 해서 프로파일링이 범죄자를 분석하는 것에만 치중하는 것은 아니다. 대상은 목격자가 될 수도 있으며 참고인, 사건과 관련된 사람들의 진술이나 언어를 분석하기도 한다.

'지리학적 프로파일링(Geographic Profiling)'의 경우 연쇄 범죄가 발생했을 때 범죄를 저지르는 사람이 살고 있는 지역이나 주로 활동하는 지역, 또는 다음 범죄를 어디에서 저지를 것인지 예측하는 분석 기법이다.

'연관성 프로파일링(Linkage Profiling)'은 여러 건의 사건이 발생했을 때 동일 인물이 저지른 범죄가 어떤 것인지 찾아내는 기법이다. 그래서 범죄 수법과 범인이 남긴 행동의 특성을 통해 동일범에 의한 범죄라는 것이 밝혀지면 지리적 프로파일링을 통해 그 지역 안에서 누구를 수사의 대상으로 선정하고 추적할 것인지 분석하여 결정한다. 프로파일링은 과학수사의 영역 안에서 직접적이고 물리적인 증거물을 어떻게 분석하고 해석하는가, 또 그 행동들을 통해 얼마나 협업을 잘하는가, 이것이 관건이다.

과학과 프로파일링의 상관관계

범죄 현장에서 어떤 일이 벌어졌는지 파악하기 위해서는 과학적으로 범죄 현장을 재구성해야 한다. 과학적인 재구성은 이 같은 일이 왜 발생했는지 추론해 나갈 수 있는 단서가 된다. 그리고 이 같은 행동을 저지르는 사람은 어떤 특성을 가진 사람인가에 접근할 수 있다.

과거에는 경험이 많은 수사관들이 추측에 의해 범죄 현장을 재구성했으며 그를 바탕으로 수사가 진행되었을 만큼 과학적이지 못했던 것이 사실이다. 또 다른 측면에서는 대부분 인과관계가 뚜렷한 범죄였기 때문에 과학수사가 치밀하게 접근하지 않더라도 대부분의 사건이 해결될 수 있었다. 하지만 현대에 일어나는 사건들 가운데는 과학적인 단서와 분석, 감정과 다양한 전문가의 의견이 수렴되어야 범죄 해결의 흐름을 파악할 수 있는 사례가 빈번하기 때문에 과학수사의 접근이 반드시 필요하다.

특히 1993년에 이르러 지존파, 막가파, 온보현 사건 등 불특정한 다수를 대상으로 하는 범죄가 나타나기 시작하면서 과학수사의 중요성이 부각되었다. 이때 CSI의 역할에 초점이 맞추어졌고, 과학수사의 중요성이 수면 위로 떠올랐다.

현대사회 범죄와 이상심리의 연관성

2009년 연쇄살인범 강호순이 검거된 이후 현재까지 연쇄살인범은 나타나지 않고 있다. 여기에는 다양한 원인이 있겠지만 가장 큰 요인으로 경찰 수사력의 향상과 범죄에 대처하는 국민 의식의 향상, CCTV, 차량 블랙박스 등 환경적인 요인을 꼽을 수 있다. 연쇄범죄자가 사라진 것이 아니라 범행 초기에 검거되어 범죄가 차단된 것이다. 물론 범죄자가 초기에 검거되는 것은 무척 긍정적인 현상이지만 범죄자가 짧은 형을 선고받고 출소한 후 다시 재범을 일으킬 소지가 높다는 점에서 재범 평가와 우범자 관리, 양형 기준의 수정 등이 보다 더 확대되고 전문화될 필요가 있다. 강호순 검거 이후 한국사회는 연쇄적으로 발생하는 강력범죄보다 불특정인을 대상으로 한 소위 묻지 마 형식의 범죄가 증가하고 있다. 이 범죄의 특징은 공격대상이 특정되어 있거나 연쇄적으로 발생하는 경우에도 일정한 패턴의 범행 수법 특성을 나타내지 않는다는 것이다.

이와 같은 묻지 마 형태의 범죄는 이상심리에 의한 범죄 유형으로 분류할 수 있다. '이상심리'라는 것은 일반적으로 한 개인이 속한 사회와 문화에 적절하게 잘 적응을 하고 살아가는가를 기준으로 이상(異常)과 정상으로 판단한다. 이상심리를 가진 사람은 그가 속한 사회와 문화에 잘 적응하지 못하는 사람일 뿐이다. 이 사람들이 모두 이상심리를 가졌다고 해서 범죄를 저지르는 것은 아니며 정신장애나 성격장애가 있다고 해서 끔찍한 범죄를 저지른다고 생각하면 큰 오산이다.

범죄를 포함한 인간의 이상행동은 심리학의 여러 이론을 통해 설명할 수 있다. 그런 면에서 이상심리학(Abnormal Psychology)은 현대사회 범죄자들의 심리학적 특성을 분석하는 데 큰 도움이 된다. 이상심리학에서는 비정상 행동으로 나타나는 연구의 대상을 이상행동과 정신장애로 구분한다. 이상행동(Abnormal Behavior)은 인간이 가진 다양하고 복잡한 인지적·정시적 동기와 행동 전반에서 사회적 상황에 대한 부적응을 나타내는 행동 특성을 의미하며, 정신장애(Mental Disorder)는 이상행동과 관련된 특정한 양상을 나타내는 집합체다. 비정상적인 행동은 사회적 상황에 부적응을 나타내는 행동 특성을 의미하고 이 행동 특성을 나타내는 개인의 부적응적인 심리 상태를 정신장애로 설명한다.♀

대한민국 프로파일링의 역사

1990년을 지나면서 한국 사회의 범죄는 새로운 양상을 맞이하게 되었다. IMF로 인해 경제적인 환경 또한 급격하게 변해가던 시기

♀ 권일용, 『프로파일링 이론과 실제』, 박영사, 177~178P

였을 뿐 아니라 범죄자가 사건 현장에 남기는 증거물이 점차 줄어들고 있어 범죄를 예방하거나 범죄가 발생했을 때 조기에 차단하고 검거할 수 있는 방법에 대해 연구하기 시작했다. 사건 현장에 나타난 증거물을 수집하는 일도 무엇보다 중요하지만 이 같은 범죄를 저지르는 사람들은 과연 어떤 성향을 가졌는지에 대한 연구가 필요해졌다. 이것이 우리나라에 프로파일러가 등장하게 된 배경이다.

2000년 2월 9일, 한국 경찰은 서울지방경찰청 과학수사계에 범죄분석팀을 설치하고 프로파일링 업무에 착수했다. 2005년에는 심리학, 사회학 전공자 15명을 경장으로 특별채용(경력채용)하여 경찰 기본 교육을 이수하도록 한 후 2006년 1월 5일, 각 지방청에 분산 배치하였다. 유영철 사건, 정남규 사건 등의 강력범죄로 인해 경찰청 단위의 수요가 늘어남에 따라 2006년 12월 1일, 경찰청 과학수사과 범죄정보지원계에 전국 범죄분석 업무를 총괄하고 지원하는 팀이 설치되었다.

2016년 경찰청 과학수사부서 직제가 전면 개편되면서 수사국 소속의 과학수사센터는 과학수사 관리관 체제로 승격되었다. 현재 경찰청 과학수사 관리관 아래 과학수사 담당 소속으로 법과학 분야를 운영하고 있으며, 범죄분석 담당 소속으로 범죄행동분석팀을 운영하고 있다. 한국 경찰의 직제상 프로파일링팀의 공식 명칭은 '범죄행동분석팀'이다.

1960~1970년대 한국 사회의 범죄는 가해자와 피해자의 인과

관계에서 비롯되는 범죄이거나 비교적 동기가 뚜렷한 범죄가 대부분이었으나 1989년 화성 연쇄살인사건을 시작으로 1994년 검거된 지존파 사건, 1996년 검거된 막가파 사건 등 불특정 피해자를 대상으로 개인적 감정을 표출하는 범죄가 나타나기 시작했다. 이 같은 범죄들은 조직적으로 치밀한 계획을 수립하고 철저한 증거 인멸을 시도해 범죄 현장에 물리적 증거물을 많이 남기지 않았다. 범죄 양상의 변화에 따른 새로운 범죄 수사 기법이 요구되면서 2000년, 프로파일링 수사 기법이 나타나게 되었다.♡

2004년부터 발생하기 시작한 서울 서남부 연쇄 피습 사건은 프로파일링 수사가 적극적으로 활용된 사건이었다. 특이한 유형을 나타낸 이 사건의 실마리를 찾기 위해 프로파일러가 살인자의 입장에서 약 6개월 이상 사건 발생 지역을 돌아다니며 분석한 결과 범인의 특성을 파악할 수 있었다. 범인은 피해자를 쫓아온 것이 아닌 골목에서 기다렸으며, 범행의 타깃은 홀로 보행하는 불특정 다수의 여성이었다. 이 같은 범인의 시그니처는 '소심한 공격성'이었다.♡♡

대부분의 사람들은 우리나라의 CSI 활약에 대한 역사가 짧다고 여긴다. 하지만 억울한 죽음을 막기 위한 노력은 조선 시대로 거슬러 올라간다. 사회적, 문화적으로 유교사상이 팽배한 시대 속에서도

♡ 권일용, 『프로파일링 이론과 실제』 박영사, 15~16P

♡♡ '서남부 연쇄 피습 사건, 프로파일링 수사 첫 도입', 싱글리스트, 2021. 4. 15.

시신을 다시 관찰하고, 부검하는 등 의학적인 단서를 찾아내기 위한 노력이 이어졌다. 이 같은 염원으로 탄생한 것이 바로 『신주무원록(新註無冤錄)』이다. 이 책은 원나라 왕여가 쓴 『무원록』을 보완해 최치운 등이 편찬한 부검 전문서로, 법의학과 비슷한 지식 체계를 갖추고 있을 뿐 아니라 송대의 『세원록』이나 『평원록』보다 더욱 견고한 내용을 담고 있다.[♀]

'억울한 죽음이 없도록 하자'는 지혜로운 선조들의 마음가짐과 전통적인 사고는 시대적인 변화에 맞추기 위해 관련 전문가들과의 협업을 통해 새로운 '무원록'을 지속적으로 만들어내고 있다.

또한 우리나라는 발자국 채취와 지문 채취를 통해 범인의 특징을 찾아내는 능력을 세계적으로 인정받고 있다. 모든 사람에게는 지문이 있으므로 지문 감정을 통해 범인을 검거하는 과학수사가 발전할 수 있는 배경을 갖게 된 것이다. 범인의 발자국을 채취해 데이터베이스에 입력하면 어떤 종류의 신발인지, 몇 년도에 어디에서 생산된 제품의 신발인지 알 수 있다. 이 신발을 신는 사람의 연령대, 키 등 다양한 정보를 알아낼 수 있는 것이다.

또한 프로파일러들은 범죄 현장에 나타난 발자국이 어디로 향했는지 관찰한다. 발자국의 방향을 살펴보아야 침입의 목적을 알 수 있기 때문이다. 현장에 투입되었을 때 공통적으로 느낀 것이 있다.

♀ 김두종, 『한국의학사』, 탐구당, 1979.

범인의 발자국은 항상 작은 방으로 연결되어 있다는 것이다. 작은 방에는 남자 어른이 있을 가능성이 거의 없다. 대부분 여성이나 아동이 자고 있을 가능성이 크기 때문에 자기 마음대로 피해자를 통제하고 공격할 의도를 가졌다는 것을 유추할 수 있는 단서가 되는 것이다.

앞으로의 프로파일링

미디어의 영향으로 프로파일링 수사 기법이 대중에게 널리 알려지면서 프로파일러의 역할도 주목받고 있다. 이 같이 프로파일러 역할의 중요성이 부각되고 있지만 프로파일링만으로 연쇄살인범을 추적해 검거하기란 어렵다.

프로파일링은 범인을 검거하는 데 있어 효율적인 수사의 방향성을 제시하는, 수사를 돕는 과학수사 기법의 한 분야다. 우리나라의 경우, 연쇄살인이 발생하는 빈도수가 미국보다 낮아 프로파일링이 연쇄살인에만 집중화되지는 않으며 해결이 어려운 사건이 발생했을 경우 프로파일러를 투입하는 형태로 활용되고 있다.

미디어 등으로 인한 흔한 오해 중 하나는 수사관과 프로파일러의 관계가 원활하지 않다는 것인데 실제 그렇지 않다. 수사관과 프로파일러는 동기, 유형, 목적을 달리하기 때문에 수사관은 프로파일러에게 정보를 얻는 것이 수사의 메커니즘이다. 프로파일러는 수사를 지원하는 요원이기 때문에 수사관과의 갈등 관계는 전혀 없다.

한 가지 프로파일러를 양성하는 부분에 있어서 여러 가지 미흡한 점이 나타나고 있는 것은 사실이다. 경찰청 자료에 따르면 프로파일러 한 명이 약 5년간 393건의 사건을 담당하는 등 과도한 업무량으로 분석의 질이 떨어질 우려가 있다고 밝혔다. 미디어 또한 프로파일링의 신뢰성을 과도하게 평가하는 것도 문제가 될 수 있을 것이다. 프로파일러는 한 분야의 전문가로 단지 전문가의 견해라는 것 또한 잊지 말아야 할 것이다.

이제 범죄는 온라인상에서 발생하는 강력범죄로 발전하고 있다. 디지털 그루밍 성범죄 등 사회적 상황이 변화되면서 이러한 범죄를 저지르는 범인의 연령도 낮아지고 있다. 프로파일러는 집중적으로 이 범죄자의 특성과 유형을 분류하여 사건 발생 초기에 차단할 수 있는 수사 자료를 확보하여야 할 것이다. 그리고 무엇보다 중요한 것은 기존 요원에 대한 교육과 훈련, 참여의 확대로 실력을 높여갈 필요가 있다는 것이다.

PROFILING CASE STUDY

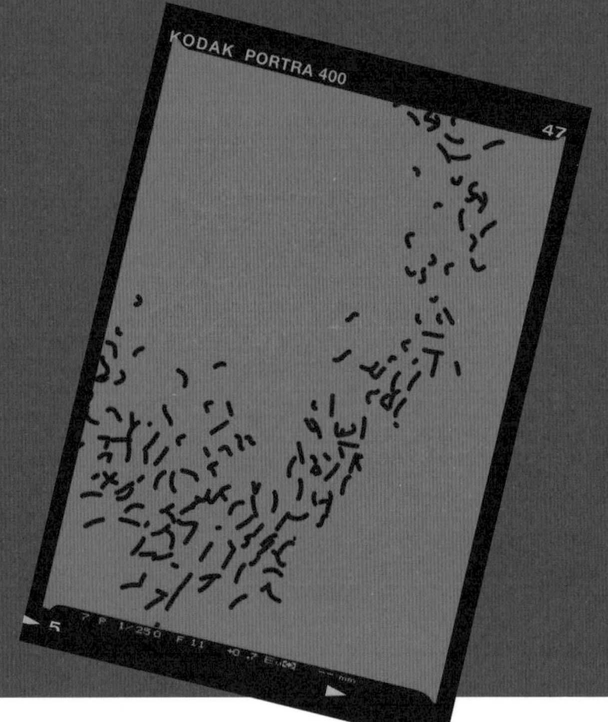

한국을 뒤흔든 강력범죄

2

한국의 강력범죄

우선 한국 사회에서 일어난 강력범죄로 희생당한 피해자들, 아직까지 아물지 않는 아픔과 고통 속에서 살아가는 가족에게 위로의 말씀을 전한다. 사람들의 기억에 남아 있는 강력범죄 사건을 전달하는 이유 중 하나는 잘못된 정보를 통해 범죄자를 해석하고 분석하는 것보다는 우리 사회에 이와 같은 범죄가 발생하지 않도록 하기 위해 어떤 방식으로 대처해 나갈 것인지 고민해야 한다고 생각했기 때문이다. 물론 이것은 한 개인의 노력만으로 해결되는 것은 아니다. 우리 사회가 함께 고민해야 할 부분이다.

1990년대 중반을 넘어서면서 불특정다수를 공격하는 집단이 나타나기 시작했다. 지존파, 막가파 등으로 부르는 범죄자들이 그룹을 만들어 범죄를 저지르기 시작한 것이 이 즈음이다. 이 같은 범죄자를 분석하기 위해 프로파일링 도입의 필요성이 제기되기 시작했고, 2000년 2월 9일 우리나라에도 공식적인 프로파일링팀이 설치되었다. 이 시기만 해도 언젠가는 극악무도한 범죄자가 나타날 것이라고 미래를 예측하며 자료를 수집하고 FBI 프로파일러의 자료를 분석하며 어떤 방식으로 준비를 해야 될 것인가를 고민하고 있던 때였다. 이때 유영철이 나타나면서 비로소 프로파일링이 필요하다는 인식으로 전환되는 계기를 맞았다.

2000년대 초반 우리 사회는 유영철이라는 연쇄살인범을 직면했다. CSI가 범죄 현장에서 피해자들의 시신을 수습하면서 마주한 것은 시신이 발굴된 장소에 유영철이 해놓은 마킹이었다. 번호를 나열해 놓은 것이었는데 이곳에 피해자의 시신이 매장되어 있다는 뜻이었다.

유영철은 수감 중 이혼 통보를 받고 아내에게 배신당했다는 생각으로 극도의 분노감을 나타내며 출소 후 누군가를 살해해야겠다고 결심한 것으로 드러났다. 그는 언론매체를 통해 살인자의 범행행동, 검거 경위 등을 분석하고 법과학적 지식을 습득하기도 했다. 그에게는 전치, 동일시, 투사 등의 방어기제가 주로 나타났는데, 성장기에 경찰을 꿈꾸기도 했으나 절도죄 등으로 입건되고 색맹으로 인해 꿈이 좌절되면서 모든 원인을 부패하고 불공정한 사회에 있다고 투사했다. 하지만 단지 약자를 대상으로 자신의 왜곡된 분노를 표출한 범죄에 지나지 않는다.

유영철이 체포되기 직전 또 한 명의 연쇄살인범이 나타났다. 정남규였다. 피해자는 주로 여성이나 어린아이였다. 사망 13명, 중상해 20명, 총 33명의 피해자를 살해하거나 회복되기 힘든 중상해를 입히는 등 잔혹한 범행을 저질렀다. 결국 검거되어 사형을 선고받고 복역 중인 2009년 11월 22일 교도소에서 목을 매어 자살했다. 일부 언론에서는 그의 자살이 사형에 대한 불안감 등 감정의 변화로 인한 것이라 보도했지만 정남규와 오랜 시간 면담을 해온 나는 언론 보도와 전혀 다른 이유라고 판단한다. "천 명 이상을 죽여야 하는데 억울하다" "화가 많이 나는 날은 살인을 저지르지 않으면 미칠 것 같았다" 그리고 "구속이 되어 할 수 없이 담배를 끊었다. 그러나 살인 충동은 도저히 끊을 수 없어 괴롭다"고 주장했다. 살인의 욕구를 주체하지 못해 결국 스스로를 살해한 것이다.

유영철과 정남규는 몇 가지 공통점이 있었다. 경제적 무력감과 사회가 불평등하고 공정하지 못하다는 불공정 의식, 이와 같은 사회적인 상황으로 자신이 불행해진 것이라는 투사적 사고, 사회적 장벽과 이에 따른 상대적 박탈감, 성장기의 범죄 피해, 원만하지 못했던 가족관계 등이었다. 그리고 자신들이 갖지 못한 것을 소유한 타인을 파괴하려는 감정으로 발전하는 과정이 동일했다. 극단적 범죄행위로 타인을 파괴함으로써 심리적인 만족감과 자존감을 회복하려는 병리적 즐거움을 추구하는 특성을 보여주었다.

또 하나의 연쇄살인사건은 화성연쇄살인사건으로 유명한 이춘재 사건이다. 이춘재는 성과 관련된 연쇄살인범이다. 오랫동안 밝혀지지 않았던 사건이지만 DNA라는 과학의 발전으로 2020년에 밝혀졌다. 이춘재 연쇄살인의 8차 사건에 대한 범행으로 억울한 시민이 32년간 수감 생활을 해 더욱 공분을 사기도 했다. 이춘재의 범행 수법과 시그니처를 보면 피해자를 결박하고 묶어놓는 등의 고유한 행동이 연속적으로 나타난다. 하지만 8차 사건에는 이 같은 행위가 나타나지 않았다. 그래서 당시 수사팀에서 이를 두고 다른 사람에 의한 모방범죄로 판단했던 것으로 추측된다. 하지만 연쇄살인범은 자신의 고유한 행동을 어떤 범죄에서는 나타내지 않을 수도 있다. 이것은 환경적인 요인 때문이다. 범행을 저지를 때 기존에 저질렀던 범죄의 환경과 다른 환경이라면 목격과 발각의 위험이 있어 자신만의 고유한 행위를 끝까지 마무리하지 못하고 범행을 저지른 후 도주하는 것이다.

연쇄살인범의 사건을 보면, 대부분의 연쇄살인범은 공평하지 않은 사회 때문에 범죄를 저질렀다고 주장한다. 그러나 공평하다는 의미는 누구나 똑같아야 한다는 뜻이 아니다. 공평이란 노력한 사람과 노력하지 않은 사람이 달라야 한다는 의미다. 우리가 범죄를 예방하기 위해서는 공평하고 공정한 사회를 살아가는 데 있어 서로를 보호하기 위한 기제를 작동해야 한다. 이것은 범죄 예방에 가장 기본이 되어야 하는 부분이다.

이론과 실제는 다르지 않다

유영철 사건이 종결된 후 개최된 세미나에는 세계의 많은 심리학자들이 참석했다. 당시 나는 유영철 사건을 통해 크게 깨달은 것이 있었다. 유영철을 체포하기 위해 심리학자들의 이론을 사건 현장에 접목시키는 등 많은 노력을 기울였다. 그럼에도 많은 희생자가 발생했고, 범인 검거마저 늦어졌던 과정을 두고 역시 이론과 실제는 큰 차이가 있다는 결론을 내렸다.

하지만 세미나에 참석했던 한 심리학과 교수를 통해 이론과 실제가 다르다면 분명히 둘 중에 하나가 잘못된 것이라는 조언을 듣게 되었다. 물론 심리학자나 범죄학자처럼 깊은 공부를 할 수는 없었지만 이 같은 연구를 진행해 왔던 학자들과 범죄 현장에서 서로 교류하며 어떤 도움을 요청하고 도움을 받을 것인가에 대해 눈을 떠야겠다는 생각을 하게 되었다. 그 후로 이론과 실제는 같다는 믿음은 지금까지도 변함없다.

그 믿음은 연쇄살인범을 만나 대화를 나누며 더 공고해졌다. 범죄자들이 우리가 경험하지 못했던 이야기를 자연스럽게 털어놓는 것을 경험하면서 그들의 이야기가 이론의 줄기에서도 해석할 수 있을 것이라 생각했다. 만약 그렇다면, 그것은 분명 범죄자를 보다 심도 있게 분석하며 범죄를 예방할 수 있는 결정적 단서가 될 것이다.

살인범, 그들의 목적은 무엇인가

연쇄살인범 유영철의 특이점은 피해자들을 암매장했다는 것이다. 유영철은 나와 대면한 자리에서 "시신을 매장하면서 나만이 알 수 있는 표시를 해두었다"고 말했다. 나 역시 범인은 자신의 범행을 돌아보기 위해 범행 장소에 돌아온다고 생각해 왔고, 당연하게도 이 같은 대답을 할 것이라 예측한 후 왜 표시를 해두었는지 물었다. 그러자 유영철은 "계속해서 범행을 저지를 것이고 계속해서 시신을 매장해야 하는데 같은 곳을 다시 파서 매장을 하면 안 될 것 같아서 표시를 해두었다"고 말했다.

범행을 이어가겠다는 강렬한 이기심과 정상적이지 않은 사고 과정을 보는 것 같아 굉장히 놀랐다. 이렇듯 범죄자의 사고 관념은 애초에 일반인과는 전혀 다르다. 범행을 계속 이어갈 것이며, 이 과정 속에서 체포되지 않기 위해 어떤 노력을 해야 할 것인가에 집중하며 살아가는 것이 연쇄살인범이다.

유영철은 혼자 살고 있던 오피스텔의 욕실 안에서 피해자를 살해하고 시신을 훼손했다. 유영철은 "이 욕실에 들어가는 순간 그의 삶은 내가 통제한다"고 이야기하기도 했으며 굉장히 혐오스럽고 분노할 수밖에 없는 오만과 이기심을 극도로 드러내는 표현을 하기도 했다. 유영철이 저지른 범행의 특징은 피해자를 최대한 빨리 살해한다는 것이다. 사람들과의 관계를 형성하고 커뮤니케이션을 하는 것에 굉장히 미숙하고, 자기감정을 잘 다스리지 못하는 특징을 갖고 있기 때문에 피해자를 살해하는 시간이 굉장히 빨랐다. 그 대신, 사망한 피해자를 오랫동안 훼손하는 특성을 갖고 있었다.

유영철이 체포되기 직전 또 다른 범죄자가 우리 사회를 흔들었다. 유영철의 범행으로 여겼던 이문동 살인사건의 진범인 정남규였다. 정남규는 노상에서 범행을 저질렀다. 노상에서 범행 대상을 선정하지 못하면 새벽에 일을 하는 우유 배달 여성을 살해하는 등 끔찍한 범행을 이어갔다. 그리고 어느 시점에 이르러 기존 범행 방식을 중단하고 침입을 하기 시작했다. 정남규도 유영철과 마찬가지로 사람들과의 관계를 형성하는 데 굉장히 미숙했기 때문에 범죄행위를 통해 자기감정을 표출하는 특징을 나타냈다.

정남규의 경우는 피해자가 살아 있는 동안 오랫동안 피해자를 공격함으로써 자기감정을 표출했고, 피해자가 사망한 후 빠른 시간 안에 현장을 이탈했는데, 이는 유영철의 경우와는 달랐다.

유영철은 침입 범죄로 시작해 총 네 군데의 가정집을 침입했다. 침입은 오전 11시에서 오후 2시 사이에 이루어졌는데 이 시간대가 갖는 의미는 굉장히 중요하다. 대부분 남성은 일을 하러 나가고 나이 든 노인이나 여성이 집안일을 하고 있는 시간대이기 때문이다. 유영철 자신은 굉장히 거룩한 의미와 뜻을 가지고 "불법적인 방법으로 재산을 많이 취득한 이 사람들을 내가 처벌한 거야"라고 말했지만 사실 약자들을 공격한 비열한 행위에 지나지 않는 것이다. 논리와 합리성을 전혀 갖지 못한, 단순히 범행을 미화하기 위한 심리적인 기제에서 나타난 것이라고 본다. 그러므로 연쇄살인범을 사이코패스로 여겨 자신의 환상 등을 실현하기 위해 살인을 저지른다고 생각하는 것은 큰 오해를 불러일으킬 수 있다. 연쇄살인범은 단지 사회적 약자를 공격하는 비열하고 오만한 자들이다.

한 가지 흥미로운 점은 유영철과 정남규의 범행 수법이다. 유영철은 침입 범죄로 시작해 노상에서 피해자들을 유인해 자신이 거주하는 오피스텔로 데리고 가서 범행을 저지른다. 반면 정남규는 노상에서 귀가하는 여성들을 공격하는 범죄로 시작해 어느 순간 침입 범죄로 방향을 바꾸었다는 것이다. 이 두 연쇄살인범의 행동 패턴이 완전히 뒤바뀐 것이다. 하지만 프로파일러들은 이런 현상을 두고 수법이 변화된 것뿐, 시그니처가 변화된 것이라고 평가하지는 않는다.

범죄 수법은 범죄자의 환상과 목적을 이루기 위해 점차 발전해 나간다. 유영철이 네 번째 침입 범죄를 저지르고 도주하는 과정에서 CCTV에 뒷모습이 찍혔다. 당시는 지금과 같은 사회안전망이 구축되지 않았기 때문에 CCTV가 드물게 설치되어 있던 시기였는데 뒷모습이 찍힌 것이다. 경찰은 CCTV에 찍힌 뒷모습으로 공개수배를 했는데, 여기에는 수사를 통해 체포할 동안 범행을 중단시키고자 하는 의도가 담겨 있었다. 실제로 범행은 멈추었다. 하지만 유영철은 몇 개월 후 피해자를 집으로 유인하는 수법으로 범행을 바꾸었다. 범행을 저지르고 도주하는 과정에서 CCTV에 찍힐 수 있고, 범죄 현장에 자신의 발자국이나 머리카락과 같은 물리적 증거물을 남길 수도 있다고 여겼고, 이를 범행을 저지르는 데 있어 장애요인으로 받아들인 것이다.

정남규가 노상에서 범죄를 저지르다 피해자가 누군가의 도움으로 병원으로 이송되고 치료를 받았다는 뉴스가 보도되고, 목격자가 나타나자 노상에서의 범행을 멈추고 침입하는 방식으로 바꾼 것과 유사하다. 이렇듯 연쇄살인범은 자신의 만족감을 추구하기 위해 수법을 변화시킨다.

'나를 범죄자로 만든 건 불공정한 사회다'

유영철과 정남규가 체포된 지 약 2년 후 경기도 지역에서 10여 명의 여성을 납치한 후 살해한 연쇄살인범 강호순이 나타났다. 강호순은 기존에 일어났던 두 범죄자와 또 다른 의미의 범죄 의도를 갖고 있는 연쇄살인범이다. 유영철과 정남규가 감정, 분노, 공격적인 감정을 표출했다면, 강호순은 성적인 감정을 표출한 범죄자로 분석할 수 있다. 이렇듯 피해자를 공격하고 유인하고 끔찍하게 살해하고 매장하는 행위들이 외형적으로는 동일하게 나타나더라도 그 의도는 다르게 해석할 수가 있다.

강호순은 피해자들에게 오랫동안 성적인 공격을 하기 위해 매듭을 많이 만드는 특성을 나타냈다. 화성연쇄살인사건의 범인으로 밝혀진 이춘재와 범죄 행동이 비슷하다는 것을 연상할 수 있다. 즉, 다시 말해 최근에 밝혀진 이춘재의 범죄 행위는 성적인 의미를 갖고 있는 공격적인 행동으로 볼 수 있는 것이다. 그래서 유영철과 정남규의 연쇄살인의 의도와 행동과 유사하지만 다른 목적과 의도를 갖고 있는 연쇄살인범이다.

이춘재와 강호순은 성과 관련된 연쇄살인범으로, 유영철과 정남규는 자기감정을 불특정 다수를 향해 표출하며 만족감을 추구하는 형태의 범죄자로 구분할 수 있다. 여기에서 고민해야 할 것은 이들이 왜 2000년도에 나타났는가 하는 것이다. 여기에는 다양한 해석이 있다. 특히 미국의 사회학자 로버트 머튼(Robert Merton)은 "일탈을 저지르는 자들은 결국 경제적인 불균형에서 비롯되는 경우가 많다"고 말했다. 단순히 경제적인 양극화나 경제적인 변화 속에서 연쇄살인범이 나타난다는 의미는 아닐 것이다. 이들은 똑같은 어려운 시기를 겪어나가면서도 다른 사람과 자신이 갖고 있는 역할들을 나누려는 노력을 하기보다는 그 현장을 아주 왜곡되게 받아들임으로써 분노가 형성되고 왜곡된 공격성을 드러내는 심리 때문에 범죄를 저지른다고 보는 것이 오히려 타당할 것이다.

범죄자들은 대부분 "경제적 불균형과 불공정한 사회가 나를 이렇게 만들었다"고 주장하지만 사실 이 같은 현상을 왜곡되게 받아들이는 범죄자에게 반드시 책임을 물어야 한다. 사회심리학적인 측면에서 공격성이란 분노의 감정과는 다르다. 일반적인 사람들은 분노한다고 해서 공격하지는 않는다. 분노는 감정이고 공격은 실행을 의미한다.

공격성에 대해서는 조금 더 깊이 이해할 필요가 있다. 이상심리에서 얘기하는 것처럼 분노를 느끼거나 공격을 해야 할 때 공격을 하지 않는 것이 더 이상한 심리라고 생각하면 쉬울 것이다. 화가 나는데도 화가 나지 않는다든지, 전쟁이 나서 적이 나를 공격하고 있는데 내가 공격을 하지 않는다는 것은 정상적인 심리로 볼 수 없다. 인간은 공격성을 갖고 있고, 자신을 위협하는 것에 대응하는 등 자신을 지켜가기 위한 노력이 필요하다. 이 같은 노력의 과정 중 하나가 공격성이다.

사회심리학에서는 공격성을 직접적인 것과 간접적인 것, 두 가지의 카테고리로 나누고, 여기에서 다시 감정적인 것과 도구적인 것으로 나눈다. 쉽게 말해 직접적인 공격은 물리적인 공격을 하는 것이고, 간접적인 공격은 공격의 행위인데 실제 물리적인 공격은 하지 않는 것이다. 한 사람에 대해 험담을 한다든지, 한 대상에 대해 악플을 남기는 등의 행위로 본인에게 심리적인 갈등과 고통을 느끼도록 하여 극단적인 선택에 이르게 하는 것을 간접적인 공격이라 한다면 자기감정을 표출하기 위해 도구로 공격하는 것은 물리적인 공격이다. 은행에 침입한 강도가 무장하고 있는 청원경찰을 먼저 공격하는 것은 청원경찰에게 감정이 있는 것이 아니라 은행을 털어야겠다는 목적을 이루기 위한 도구적인 공격이라고 볼 수 있다.

중요한 것은 왜 공격을 하는가다. 첫 번째, 인간이 좌절을 경험했을 때 공격적인 행동으로 나타난다는 것이다. 급박한 일이 발생해 자동차를 운전해 도로를 달리고 있는데 어떤 자동차가 내 앞에 끼어들었다고 한다면 자신이 예상했던 시간의 목표에 차질이 빚어진다.

내가 지금 진행하고 있는 방향에 좌절을 경험하는 것이다. 좌절이라는 것은 굉장히 포괄적인 의미로 해석하기 때문에 심각한 좌절이라기보다는 내가 추구하는 목표에 장애요인이 생겨 좌절이라는 감정을 느꼈을 때라고 해석하면 될 것이다. 그럴 때 우리는 공격성을 드러내기 마련이다. 화를 내거나 실제로 물리적인 공격을 하는 등 다양한 형태로 공격을 하게 되는데, 여기에서 중요한 것은 좌절을 느꼈다고 해서 누구나 공격성을 표출하지 않는다는 것이다. 이로 인해 제기된 이론이 수정된 좌절 공격성이다. 사람들은 대부분 유사한 방법으로 좌절을 경험하지만 대부분의 사람들은 그것을 합리적이고 논리적으로 설명할 수 있는 상식의 선에서 해결하려고 하는 것이 공격성에 대한 올바른 정의라고 설명한다.

지금 우리는 일상에서 많은 좌절을 겪고 있다. 코로나19와 같은 바이러스에 의한 전염병이 증가하면서 많은 것들이 좌절되는 상황이지만 대부분의 사람들은 서로 의지하며 잘 겪어나가고자 노력한다. 그런데 범죄자들은 이 같은 상황을 굉장히 왜곡되게 받아들이기 때문에 타인에게 심각한 물리적인 공격을 가하는 등 합리적이지 않은 방법으로 벗어나려고 하는 이상행동을 할 수 있다.

여기에서 연쇄살인과 좌절공격성에 대한 연결 고리를 찾을 수 있다. 사람들은 동시대를 살아가면서 경제적인 어려움, 그리고 사회 전반에 걸쳐 나타나는 여러 가지 문제에 대해 상호간 교류를 통해 극복해 나가려고 노력하지만, 범죄자는 그 좌절을 그대로 수용하면서 그 감정을 타인에게 해소하기 위해 표출하는 심리 상태를 갖고 있다는 것이다. 좌절은 누구나 겪을 수 있으며, 어떻게 해소해 나가고 얼마나 합리적으로 해결하는가, 한마디로 얼마나 좌절을 잘 회복하는가 하는 회복탄력성과도 큰 연결 고리를 갖는다.

케이스
1

이춘재 사건

범인이 밝혀지지 않음으로써 억울한 사람이 오랫동안 옥살이를 하게 되는 일들이 종종 벌어지곤 한다. 우리 사회를 흔들었던 화성 연쇄살인사건이 그중 하나다. 진범은 DNA 분석 기술의 발전을 통해 밝혀졌지만 이는 우리 사회가 고민하고 돌아볼 일이 더 많아졌다는 것을 의미하기도 한다.

2020년에 드러난 진범은 이춘재로, 1993년 12월, 부인이 가출한 뒤 1994년 1월 13일, 당시 19세의 처제를 자신의 집으로 불러들여 수면제를 먹이고 성폭행한 뒤 살해해 집에서 약 1킬로미터 떨어진 철물점 차고에 시체를 유기하고 1994년 1월 18일 구속됐다. 1심에서 사형을 선고받고 같은 해 9월에 열린 2심에서도 사형을 선고받았으나 1995년 1월, 이춘재가 처제를 계획적으로 살해했다고 볼 직접적인 증거가 없다고 판결하면서 이 사건을 2심으로 파기환송했다. 그리고 같은 해 열린 재상고심에서 무기징역을 선고받고 1995년 10월부터 부산교도소에서 복역 중이다.

화성연쇄살인사건은 1986년부터 1991년까지 경기도 화성시 태안과 정남, 팔탄, 동탄 등 4개 읍면에서 10명의 부녀자가 강간·살해당한 사건으로, 피해자의 스타킹이나 양말 등 옷가지가 살해 도구로 이용되었으며, 끈 등을 이용해 목을 졸라 살해한 교살이 7건, 손 등 신체 부위로 목을 눌러 살해한 액살이 2건이었다. 당시 사건에 동원된 경찰의 연인원은 205만여 명에 달했으며 수사 대상자는 2만 1,280명, 지문 대조는 4만 116명에 이르렀다. 목격자들의 진술로 범인은 20대 중반, 키 165~170센티미터의 보통 체격을 가진 남성으로 특정했으나 8차 사건을 제외하고 나머지 사건의 범인은 검거되지 않았다.

경찰은 피해자들의 유류품에서 검출된 DNA 검사 결과 5차(1987년), 7차(1988년), 9차(1990년) 사건 증거물에서 나온 DNA가 부산교도소에서 복역 중인 이춘재의 것과 동일하다는 것을 밝혀내고 2019년 9월 18일, 이춘재가 화성연쇄살인사건의 용의자라고 발표했다. 그리고 10월 1일, 이춘재의 자백이 이어지며 용의자로 특정됐다. 그리고 2020년 7월 2일, 이 사건의 용의자로 특정한 이춘재가 14건의 살인과 9건의 강간 사건을 저질렀다는 내용의 수사 결과를 발표하면서 재수사가 종료됐으며 이에 따라 사건 명칭이 화성연쇄살인사건에서 이춘재 연쇄살인사건으로 변경됐다.

범죄자의 특성

이춘재는 1963년 경기도 화성군 태안읍에서 태어나 이 지역에서 30여 년을 살았다. 마을 주민들은 이춘재를 착하고 대답도 잘하는 성품 좋고 조용한 아이로 기억하고 있었다. 동창들도 착한 친구로 기억하고 있었다. 가족들 또한 조용하고 내성적인 성향이라고 설명하며 처제 살인사건도 우발적인 범행으로 이해하고 있다고 했다.

이춘재 본인 주장에 의하면 어릴 적 동네 누나에게 성폭행을 당한 적이 있었다고 하며, 이것이 사실이라면 이로 인해 왜곡된 성욕이 생긴 것으로 추측한다. 이춘재는 1983년 2월, 고등학교를 졸업한 후 같은 해 육군에 입대해 1986년 1월, 육군 병장으로 만기 전역했다. 건설회사에서 포크레인 기사를 따라다니다가 운전을 배워 면허 없이 포크레인 기사로 공사 현장을 다녔고 충북 청원군 소재 골재 회사에서 포크레인 기사로 일했으며, 회사에서 경리로 일하던 아내를 만나 1992년에 결혼했다. 다니던 회사가 부도난 후에는 아내가 아르바이트로 생계를 책임졌다고 알려져 있으며 처제 살인사건 당시 조사를 받을 때 "1993년 3월 말경 청원군 부용면에 있는 부강 농공단지 현장에서 일하다가 그만두고 현재까지 놀고 있습니다"라고 진술했다고 하며, 이는 경찰 조서에도 남아 있다.

처제 살인사건 당시 재판 기록에 따르면 어린 아들과 아내를 심하게 폭행한 사실이 있으며, 당시 아내의 증언에 따르면 이춘재는 심한 성도착증이 있었다고 한다. 가정폭력에 시달리던 아내는 1993년 12월에 집을 나갔으며 이춘재는 아내에게 협박 전화를 걸기도 하고 동서에게는 아내와 이혼은 하겠지만 다른 남자와 재혼할 수 없도록 문신을 새기겠다고 말하기도 했다. 재판 판결에는 한번 화가 나면 부모가 말리지 못할 정도로 포악했다는 이야기도 있다.

가족이나 주변 사람들의 진술과는 전혀 다른 내용이지만 교도소에 수감된 이후 모범수로 지냈다는 점을 고려할 때 자신보다 우위에 있는 사람이나 가족, 지인, 경찰, 교도관 앞에서는 온순했지만 자신보다 하위에 있다고 규정한 사람에게는 폭력적이고 무자비하게 대한 것으로 추측할 수 있다.

당시 경찰 관계자들이 인터뷰에서 공통적으로 지목한 점은 이춘재는 범행 후 끝까지 혐의를 부인했다는 점이다. 처제의 시체를 유기한 다음 날 장인을 찾아가 이야기를 나눈 후 함께 실종 신고를 내기도 했다. 이후 처제의 시신이 발견되어 경찰이 처제의 가족을 찾아갔을 때 무표정으로 앉아 있는 이춘재를 보고 이상하게 여겼으며 처제가 살해되기 하루 전에 처제와 통화했다는 점을 수상하게 여겨 이춘재를 심문했다. 하지만 조사 과정에서도 끝까지 범행을 부인했으며 이춘재의 집에서 미처 씻어내지 못한 미량의 혈액에서 처제의 DNA를 검출했다. 하지만 이춘재는 우발적인 범행임을 주장하며 최

종적으로는 성폭행에 대한 계획범죄만 인정됐다.[◊]

사건 분석

당시 나는 이 사건에 직접 투입되지는 않았지만 2000년 2월, 한국 경찰에서 처음 프로파일링을 시작하면서 이 사건을 프로파일링으로 해결해 보자는 시도가 있었다. 이때 많은 자료를 수집했지만 분석 과정에서 새롭게 발생하는 연쇄살인사건들로 인해 집중하지 못한 아쉬움이 있다. 이춘재에 대해 분석하며 과연 어떤 모습을 하고 있을지 추측하기도 했지만 흥미로운 사실 하나는 연쇄살인범들의 모습은 일반적으로 생각하는 것처럼 폭력적인 외형이 눈에 띈다든지, 폭력적인 언어를 사용하는 경우는 극히 드물다는 것이다. 범죄자들이 검거된 후 그들이 살았던 지역을 찾아가 동네 주민들과 대화를 나눠보면 공통적으로 묻는 한 가지, 그 사람이 범인이 맞느냐는 것이다. 너무나 평범하고 좋은 사람이라고 말하기도 한다. 범죄자들은 자신이 범죄를 저지른다는 것을 늘 염두에 두고 남을 공격할 것이라는 의도를 갖고 있기 때문에 그만큼 다른 사람들로부터 좋은 평가를 받기 위해 과도하게 노력한다.

◊ SBS 뉴스, 2019. 9. 18.

물론 우리는 살아가면서 대부분 좋은 사람으로 보이기 위한 노력을 하게 마련이다. 하지만 범죄자는 의도와 목적을 가지고 과도하게 친절하고 조용한 사람으로 비춰지기 위한 노력을 한다는 것이고 그로 인해 주변 사람들은 의심조차 하지 않는다. 우리 주변에 이 같은 범죄자는 살지 않을 것이라는 오해를 갖는다는 것이다. 이춘재 또한 언론을 통해 보도된 친구의 이야기나 성장배경을 들어보면 그다지 폭력적이거나 위협적인 사람이 아니었다고 알려져 있다.

케이스
2

유영철 사건

1990년대 중반 자신들이 가진 왜곡된 분노와 금품 강취를 위해 집단을 이루어 범죄를 계획하며 무고한 시민들을 공격하던 지존파와 막가파를 지나 2000년대 초반에 이르러 우리 사회는 연쇄살인에 직면하게 되었다. 2004년 7월에 검거된 연쇄살인범 유영철은 2003년 9월 강남구 신사동 노부부 살인사건을 시작으로 네 차례에 걸쳐 가정집에 침입, 총 9명의 노인을 살해하고, 성매매 여성 등을 자신의 거주지로 유인하여 총 20명을 살해했다. 유영철은 검거 직후 "부자들과 자신의 몸을 함부로 굴리는 여성들은 각성해야 한다"고 하는 등 범죄의 원인을 피해자들에게 투사하는 심리적인 특성을 나타냈다.

유영철은 2003년 9월 24일 오전 10시 무렵, 강남구 신사동에 위치한 피해자의 집에 침입해 직접 제작한 쇠망치와 칼로 범행을 저지른 후 족적이 찍힌 증거물을 모두 수거해 도주함으로써 면식범에 의한 강도 사건으로 위장했다. 같은 해 10월 9일 오전 11시 무렵에는 종로구 구기동에 소재한 피해자의 집에 침입해 85세 여성을 살해한 후 함께 집 안에 있던 60세 여성과 35세 남성을 살해했다. 세 번째는 10월 16일로, 강남구 삼성동에 위치한 가정집에 침입해 69세 여성을 살해, 네 번째는 11월 18일 오전 11시 무렵, 동대문구 혜화동의 가정집에 침입해 집주인과 파출부를 살해했다. 언론에서 이 세 건의 살인이 동일범일 것으로 추정한다고 보도하자 강도 사건으로 위장하기 위해 금고를 손괴하려다 손을 다치고는 증거를 인멸하기 위해 방화를 저지른 후 도주했다.

2004년 3월에는 전화방에서 유인한 24세 여성을 살해하고 시신을 훼손한 후 암매장하였으며, 같은 해 4월에는 전화방에서 유인한 성명불상의 여성을, 이어 황학동 만물시장에서 가짜 비아그라를 판매하던 피해자에게 위조한 경찰 신분증을 이용해 갈취하려다 피해자가 의심하자 피해자 소유의 차량 내에서 살해한 후 인천 월미도에 유기 방화했다. 유영철은 2004년 3월부터 7월까지 성매매 여성 11명을 자신의 거주지로 유인하여 살해한 후 시신을 훼손하여 야산에 암매장했다. 유영철은 피해자들의 신원이 확인되지 않도록 지문을 모두 훼손했으며, 특히 자신의 거주지 내에서만 범행을 저지르고 일출 전에 암매장하기 위해 새벽 4시를 넘기지 않고 피해자들을 살해한 후 신체를 훼손해 암매장하는 등의 증거인멸을 시도했다.♀

♀ 권일용, 『프로파일링 이론과 실제』 박영사, 155~156P

범죄자의 특성

유영철은 3남 1녀 중 2남으로 아버지는 베트남전 참전 후 귀국, 음주와 도박으로 재산을 탕진했고 가정불화와 가정폭력이 심했던 것으로 알려졌다. 7세가 되던 해 부모가 이혼한 후 계모와 서울로 상경해 용산 소재의 하급 여관을 얻어 5개월 동안 함께 살았는데 평소 고집이 세고 생활에 적응하지 못해 구타를 당했으며, 계모에게 엄마라고 하지 않는다는 이유로 자주 구타를 당한 것으로 알려졌다. 그 후 친모와 마포에서 함께 살았는데 초등학교 저학년 시절에는 장난이 심하고, 교사의 관심을 심하게 유도하며, 급우들을 놀리거나 때리는 등의 말썽을 자주 부렸으나 점차 안정적으로 변했다고 기록되어 있다.

유영철은 예체능계에 소질을 보여 중학교 시절 육상, 투포환, 기계체조 선수로 활동했으며 화가가 되기를 꿈꾸기도 했으나 색약 등의 이유로 예고 입학이 좌절된 후 공업고등학교에 입학했다. 하지만 절도 사건으로 구속되어 소년부송치 처분을 받은 후 학교생활에 적응하지 못해 자퇴했다. 1988년 6월, 야간주거침입으로 입건되어 군 복무가 면제되었고, 동거하던 33세 황OO 씨와 1993년에 혼인신고를 했지만 절도죄, 공무원자격사칭죄, 공문서위조죄, 불실기재면허증행사죄 등으로 구속되어 20대의 대부분을 교도소

에서 보냈다.[♀]

1999년 안양교도소에서 만기 출소한 후 같은 범행을 반복했으며 미성년자를 강간한 혐의 등으로 2000년 3월에 또다시 구속됐다. 수감 중이던 2000년 12월, 재판상 이혼을 당한 것은 물론, 아들에 대한 양육권마저 빼앗긴 후 배신당하고 버려졌다는 생각으로 극도의 분노감을 나타냈으며 출소 후 누구라도 살해하겠다고 결심했는데 각종 언론매체를 통해 살인자들의 범행 행동, 검거 경위 등을 분석하고, 인터넷 등을 통해 증거인멸을 위한 법과학적 지식을 습득한 것으로 알려졌다.

유영철이 성매매 여성을 범죄 대상으로 삼은 것은 남성을 기망하여 교묘히 금원을 갈취하는 여성이라는 인식에서 비롯되었음을 주장했다. 즉, 모든 성매매 여성이 대상이 아니라 자신의 전처와 같은 여성만을 선정했다는 것이다. 전처 또한 유사한 일을 한 경력이 있었고 결국 자신을 배신했기 때문에 모두 처벌하겠다는 동기가 형성된 것으로 보인다.

♀ 서울중앙지법 2004. 12. 13. 선고 2004고합, 972,973,1023 판결 [각공2005.1.10.(17),194]

케이스
3

정남규 사건

2006년 4월 22일 새벽 4시 무렵 서울 영등포구 단독주택 자신의 방에서 잠을 자고 있던 남성이 파이프렌치로 머리를 맞는 사건이 발생했다. 남성이 잠에서 깨어 반항하면서 몸싸움이 시작되었고 옆방에서 가족이 달려와 피의자를 붙잡았으며 여자가 잠에서 깨서 경찰에 신고했다. 신고를 받고 출동한 경찰관 2명에 의해 범인이 검거되었으나 순찰차로 이동하는 중 범인은 수갑을 찬 채로 골목길로 도주했다. 주변 주택 옥상에 올라가 시간을 보내다가 경찰관이 보이지 않자 이동하기 위해 담을 타고 넘어가다 이를 발견한 주민의 신고로 경찰관에게 검거됐다. 2004년 1월부터 검거된 때까지 서울 서남부 일대에서 14명을 살해하고 19명에게 중상을 입혔으며 22개소에 방화를 저지른 정남규 사건의 마지막 범행 일지다.

정남규는 고등학교를 졸업한 만 20세에 오토바이 절도, 성추행 등의 범행을 저지른 적이 있었지만 입건은 되지 않았다. 특수강도죄로 선고를 받은 후 육군에 입대해 2년 6개월간 복무하다 1992년 3

월 단기하사로 만기 전역했다. 군 복무 당시 선임병에게 강제추행을 당해 혼란스럽고 불안하여 군 생활이 어려웠다고 토로했는데 휴가를 나와 절도와 강간을 저지르기도 했다. 군대를 제대한 후에는 인천에 위치한 한 회사에 입사해 2~3개월 일한 적이 있으나 그만둔 후 특별한 직업 없이 집에서 은둔 생활을 했다. 그리고 아동 성폭력, 강간, 절도, 차량 방화, 산불, 취객 폭행 등의 범죄를 저지르고 주거 침입 강간, 차량을 절취한 후 차에서 강간을 저지르기도 했다. 1999년에는 서울 송파에서 성폭력 등으로 입건되었고 같은 해 6월 성동구치소에 입소해 2001년 4월에 강릉교도소에서 가석방되었다.

정남규의 범죄는 그칠 줄 몰랐다. 2002년에는 서울 구로구에서 절도 사건을 일으켜 징역 10개월을 받고 2003년 2월에 출소했다. 출소 후 서울과 인천에서 강간을 저질렀는데 3년 전부터 사람을 죽이고 목을 조르고 싶다고 말한 것으로 보아 살인 충동이 증가한 것을 알 수 있었고 교도소 출소 후 흥분이 되고 충동이 일어나 사람을 칼로 찔러 피를 보고 싶고 목도 조르고 싶었다고 말하기도 했다.

2004년 첫 번째 서남부 사건이 발생했다. 30~40대로 보이는 여성이 골목길을 걸어가는 것을 보고 강간 충동과 살인 충동을 느껴 빌라 입구에서 공격했다. 하지만 갑자기 나타난 행인에 의해 범행을 저지르지 못하고 도주했다. 다음 달에는 이문동의 한 골목에서 숨어 있다가 지나가는 여성을 살해했다. 사건 다음 날 자신이 한 짓이 언론에 보도되자 기분이 좋았다고 했으나 유영철이 자신이 저지른 범행이라고 자백함으로써 화가 났다. 하지만 이로써 자신의 범행이 완전범죄가 된다고 생각했다.

정남규는 2004년 2월 군포에서 우유 배달을 하는 여성을 따라가 살해했으며, 영등포에서 전화통화를 하며 걸어가는 피해자를 발견하고 쫓아가 11곳에 자상을 입혀 살해했다. 그 후에는 피해자가 자녀 두 명과 귀가하는 것을 보고 따라가 공격했는데 범행 후 최대한 멀리 도주해 어느 가정집 화장실에 들어가 피를 제거한 후 귀가했다. 또한 살인 충동으로 한 여성을 따라가 골목길에서 흉기를 휘둘렀으며, 고척동에서는 우연히 지나가다 피해자를 목격하고 부엌에서 사용하는 식칼을 사용해 100미터 정도 쫓아가 살해했다.

2004년 4월에는 이문동 소재 한 교회에 주차된 차량에 불을 질렀는데 불타고 있는 것을 보고 골목길을 돌아다니다 지하철을 타고 집에 간 것으로 밝혀졌다. 그 후 휘경동에서는 식칼로 한 여성을 살해하고 보라매공원에서는 우연히 지나가는 피해자를 발견해 성폭행과 살인 충동을 느껴 공격했다. 서남부사건에 대한 언론 보도를 통해 성취감을 느낀 것으로 알려졌다. 이 외에도 두 번째 군포시 우유배달 사건, 광명시 철산동 사건, 봉천11동 수애원 사건, 봉천10동 사건, 봉천8동 사건, 영등포 신길 강도상해사건 등을 저질렀다.

범죄자의 특성

정남규는 1969년 3월 1일 전라북도 장수군에서 3남 4녀 중 장남으로 태어났으며, 어린 시절 아버지의 가정폭력과 자신을 아껴주던 동네 아저씨로부터 성추행을 당한 일로 학교생활에 잘 적응하지 못했다고 했다. 그리고 이 사건 이후 갑작스러운 분노가 생겨 동물을 학대하는 등 스스로 이상해지고 있다는 것을 느꼈다고 진술했다. 고등학교 시절에는 동네 불량배에게 성추행과 괴롭힘을 당했고 군 시절 또한 성추행을 당하면서 그에 관한 충격, 내성적인 성격 등이 복합적으로 작용해 사회로부터 고립된 삶을 살게 된 것으로 판단한다.

정남규는 애초 부유층을 대상으로 범행을 저지를 것을 결심한 것으로 밝혀졌지만 자신의 거주지와 유사한 분위기인 서남부 일대에서 범행을 저질렀다. 이 같은 지역에서 범행을 저지른 이유는 "돈 있는 사람들이 사는 동네에는 CCTV, 사설 경비 시스템 등이 설치되어 있었고 침입이 어려워 계획을 바꾼 것"이라고 진술했다. "나로 인해 죽은 사람들은 모두 돈 없이 가난한 동네에 사는 게 죄다"라고 진술하기도 했다.

당시 정남규보다 먼저 체포된 유영철이 이문동 살인사건을 자신의 범행이라 주장했지만 프로파일러팀과 과학수사팀, 수사팀은 이를 거짓된 자백이라고 판단했다. 그럼에도 불구하고 대대적인 현장검증까지 거쳤다. 그 후 유영철의 범행 중 유일하게 이 사건만이 증거 불충분으로 무죄 판결이 내려졌다. 그런데 강도상해범으로 검거된 정남규로부터 어린 시절 야산에서 운동화 끈으로 손이 묶인 채 성추행을 당했다는 진술을 통해 이와 유사성을 띤 이문동 살인사건의 진범이라는 자백을 받아내며 연쇄살인의 진상이 드러나게 되었다.

사건 결과

정남규는 2007년 4월 12일 대법원에서 사형이 확정되어 구치소에 수감되었으나 2009년 11월, 3.4평방미터 크기의 독방에서 쓰레기 비닐봉투를 꼬아서 만든 끈으로 목을 매어 자살을 시도했다. 야간순찰 중이던 교도관이 발견하여 응급 소생술을 실시하고 외부 병원으로 이송해 상태가 호전되는 듯했으나 갑자기 상태가 악화되어 병원에서 사망했다.

케이스 4

고유정 사건

2019년 여름, 제주도에서 전남편을 살해하고 시신을 토막 낸 후 유기한 사건이 발생했다. 살인 용의자로 검거된 36세 고유정은 전남편의 가해행위와 성폭행을 막기 위해 벌어진 우발적 정당방위임을 주장했다.

고유정은 전남편의 요청으로 이혼했지만 당시 네 살 아들의 양육권을 얻었다. 그 후 고유정은 재혼하여 청주에 거주하였으며, 아들은 제주도에 있는 친정에 맡긴 상황이었다. 전남편은 아들의 면접교섭권을 요청하던 중 고유정이 재혼 후 아들을 친정에 맡겼다는 것을 알게 되면서 양육권 소송을 냈다. 전남편은 2년여의 법정공방 끝에 승소하고 아들의 면접교섭권을 얻어 아들을 만나러 길을 나선 참이었다. 당시 차량 내부의 블랙박스에는 2년 만에 아들을 만난다는 설렘으로 불렀던 노랫소리가 담겨 있었다. 2년 동안 아들을 만나지 못했음에도 아르바이트를 하며 매달 40만 원의 양육비를 보낸 것으로도 알려졌다.

전남편을 만나기 나흘 전인 5월 22일, 고유정은 제주도 마트에서 쓰레기봉투 30장, 칼, 톱, 표백제 등 각종 살인 도구를 구입했으며, 사건 당일 테마파크에서 전남편과 만나 펜션으로 향했고 그곳에서 전남편을 흉기로 살해했다. 살해 후 시신을 분쇄해 구입해 두었던 쓰레기봉투에 나누어 담아 제주에서 완도로 가는 뱃길에 버리고 완도에서 아버지 명의의 아파트가 있는 김포로 가는 도중 전라도 영암 등지에서 시신을 유기했다. 김포에서 또다시 시신을 훼손한 후 새벽에 쓰레기장에 버린 후 거주하던 청주로 돌아왔으며 6월 1일 집 앞에서 체포됐다.

고유정은 이어 앞선 3월, 국과수 부검 결과 '압착에 의한 질식사'로 확인된 다섯 살 의붓아들 사망 사건에 대해서도 살해 혐의로 추가 기소됐다. 경찰은 의붓아들이 사망한 시각에 고유정이 깨어 있던 사실과 인터넷으로 질식사로 인한 사망 사건 뉴스를 검색한 사실, 재혼한 남편의 모발에서 고유정이 처방받은 수면유도제 '독세핀'이 검출되었다는 사실 등을 근거로 고유정이 의붓아들을 살해했다고 결론 내린 것이다. 의붓아들은 제주에 있는 친가에서 지내다 고유정 부부와 함께 살기 위해 청주로 온 지 이틀 만에 숨졌다. 남편은 사건 당일 고유정이 준 음료수를 마신 뒤 평소보다 일찍 잠들었다고 진술했고 사건과의 연관성을 부인해 왔다.

고유정이 긴급체포되며 사건이 세간에 알려진 지 524일 만인 2020년 11월 5일, 대법원은 전남편을 살해한 뒤 시체를 토막 내고 유기한 혐의로 무기징역을 선고했다. 하지만 의붓아들 사망 사건에 대해서는 입증이 부족하고, 함께 잠을 자던 아버지에 눌려 사망했을 가능성을 배제할 수 없으며, 고유정이 압박 행위를 했다고 단정 지을 수 없다는 이유로 무죄를 선고했다. 전남편의 시신은 현재까지 일부가 발견되지 않고 있다.

범죄자의 특성

고유정은 범행 전 세 장의 사진을 남겼다. 범행 당시 시계 사진을 찍은 것은 이제 범행을 시작할 거라는 의미로 여겨지며, 두 번째 카레를 요리하는 사진은 전남편을 살해할 당시 이용한 약물이 졸피뎀으로 의심됨에 따라 향이 강한 카레로 냄새를 중화시켰을 것으로 보인다. 세 번째 사진은 시신을 넣었을 것으로 추정되는 가방이었다. 범행의 시작, 실행, 종료를 사진으로 남긴 것으로 추정된다. 이는 강박적인 사고를 대변하는 행동으로 보인다.

1983년 제주에서 출생한 고유정은 1남 2녀 중 장녀로, 렌터카 사업을 하는 부친 밑에서 비교적 풍족하게 성장한 것으로 알려져 있다. 하지만 부모의 이혼 후 재혼한 새어머니 밑에서 성장, 대학에서 생물학을 전공했으며 전남편과는 6년여의 연애 끝에 결혼, 아버지의 회사에서 근무를 했던 것으로 보아 사회생활을 하는 데도 무리가 없었던 것으로 보인다.

고유정의 친동생은 평소 누나는 배려심이 있고 주위 사람들에게도 따뜻하고 알뜰하며 인사성이 밝은 사람이라고 이야기했지만 고인이 된 전남편의 친동생의 증언에 따르면 결혼생활을 유지하는 중에도 폭력적인 모습을 많이 보였다고 했다. 휴대전화를 던져 피해자의 얼굴에 상처가 난 적이 있고, 아이가 보는 앞에서 흉기를 들고 "너 죽고 나 죽자"라고 고함을 지르기도 해 피해자가 이혼을 결심했다고 전했다.

고유정과 전남편의 지인에 따르면 고유정이 외출 후 귀가를 하지 않아 전남편이 전화를 통해 "아이가 엄마를 찾으며 보챈다"며 귀가할 것을 권유했지만 자정이 지나 귀가한 고유정이 자신의 머리를 벽에 부딪치는 등 자해행위를 한 일이 있다고 전했다. 그러고는 부엌에서 흉기를 들고 와 자신의 목에 대고 죽어버리겠다고 위협하기도 하고, 만류하는 전남편에게 흉기를 내밀며 자신을 죽여달라고 난동을 부리는 등 큰 소동이 있었다고 전하기도 했다. 정신질환 증세가 의심돼 병원치료를 권유했으나 고유정이 거부했으며, 처가에 알리고 병원 치료를 설득해 달라고 했으나 아무런 조치가 없었던 것으로 알려졌다.[♀]

♀ 서울신문, '고유정, 전남편과 결혼생활 중 자해...정신질환 치료 거부', 2019. 6. 19.

PROFILING CASE STUDY

성범죄와 디지털 성범죄

3

급증하는 성범죄, 진화하는 디지털 성범죄

지금 우리 사회에서 가장 빈번하게 발생하는 성폭력은 물리력을 동반한 신체적 폭력으로 형법상 강간죄나 강제추행죄는 성폭력 범죄의 대표적인 규정이다. 우리나라의 경우에도 1980년대 이후에 강간 범죄 등 성폭력 범죄가 급증하게 되었고, 성폭력의 형태 또한 다양하게 나타났다. 단순 강간 범죄뿐만 아니라 근친 간의 성폭력 범죄, 사회적 위계질서를 이용한 성폭력 범죄 등 범죄의 수법이나 형태에 있어서도 광범위성과 복잡성을 띠고 있다.[♀]

현대에 이르러 성범죄는 디지털을 이용한 범죄로 진화하고 있다. 디지털 성범죄는 디지털 기기 등의 정보통신기술을 매개로 온오프라인상에서 발생하는 성범죄를 말한다.[♀♀] 사이버 혹은 온라인 성폭력이라 지칭하기도 하지만 이는 통신 환경을 기반으로 한 정의이기에 인터넷을 통해 이루어지는 유포, 참여, 소비만을 규정하는 데는 한계가 있다.[♀♀♀]

디지털 성범죄는 카메라 등의 매체를 이용해 상대의 동의 없이 신체를 촬영하여 유포·협박·저장·전시하거나 사이버 공간·미디어·SNS 등에서 자행하는 성적 괴롭힘을 의미하며 디지털 성범죄 유

♀ 성범죄(통합논술 개념어 사전, 2007. 12. 15., 한림학사)

♀♀ 여성폭력줌인, 한국여성인권진흥원

♀♀♀ 리벤지 포르노? 이제는 '디지털 성범죄'라고 불러주세요 DSO 카페, 2016. 09. 14.

형은 불법촬영, 유포, 소비 등이 있다.♀

우리나라에서의 디지털 성범죄는 1999년 등장한 소라넷이 그 시작으로 거론된다. 이 사이트에서는 2000년대 초부터 아동·청소년이 등장하는 각종 불법 음란물이 유포됐지만 2016년에 이르러서야 폐쇄됐다. 하지만 소라넷 사태는 전 국민적 공분이 일었음에도 운영진 6명 중 검거된 이는 3명에 불과했으며, 주범 역시 징역 4년 형을 받는 데 그치면서 처벌 수위에 대한 논란이 거세졌다. 2013년에는 에이브이스누프(AVSNOOP)라는 소라넷 유사 사이트가 나타나 아동·청소년 음란물 등 46만여 건이 유통됐으나, 이때 역시 운영자가 받은 형량은 징역 1년 6개월에 그쳤다.

이후 2018년에는 웹하드 업체들이 음란물이나 성범죄 동영상 등의 불법 영상물 업체들과 유착 관계를 맺어 부당 이득을 취한 웹하드 카르텔이 드러나면서 논란이 일었다. 디지털 성범죄는 다크웹이나 텔레그램처럼 보안성이 더 강화된 곳으로 이동하였고, 2020년에는 '텔레그램 n번방 박사방 사건'이 세상에 드러났다. 텔레그램 n번방 사건의 경우 시청이나 파일 공유를 넘어 아동과 청소년에 대한 성 착취를 직접 시행했다는 점에서 그 심각성이 더욱 컸다. 이에 이들에 대한 신상 공개와 강력 처벌을 요구하는 청와대 국민청원이 등장하기도 했다.

♀ 네이버 지식백과(시사상식사전, pmg 지식엔진연구소)

성범죄자들은 왜 심신미약을 주장하는가

30여 년간 약 1,500건의 강력사건이 발생한 범죄 현장에 투입되었으며, 프로파일링 분석을 위해 1천여 명에 달하는 범죄자를 대면했다. 그중 가장 힘들었던 사건이 바로 성범죄였다. 특히 아동과 관련된 사건에서는 범죄자들을 대면하는 것 자체에 회의를 느낄 정도였다. 그리고 놀라운 점은 성범죄자들이 갖고 있는 대표적인 관념이란 성적인 행위를 통해 자신의 만족감을 추구하기보다는 피해자의 삶을 완전히 파괴한다는 측면에서 오히려 더 심리적인 만족감을 얻는 특징을 나타냈다는 것이다.

우리나라는 2011년부터 아동 성범죄에 대한 공소시효를 폐지했다. 살인범죄 공소시효 폐지와 더불어 성범죄, 특히 아동, 장애인을 대상으로 한 성범죄자는 공소시효가 무의미하다는 판단에서 비롯된 것이다. 최근 우리 사회에 긍정적인 변화의 바람이 불고 있다. 그동안 술에 취한 상태, 소위 심신미약 상태에서 저지른 범행에 대해서 관용적인 태도를 보인 측면이 있었다고 한다면 최근에는 이 같은 문제를 인정하지 않는 추세로 자리 잡아가고 있다는 것이다.

성범죄자들이 술에 취해 범죄를 저질렀다고 하지만 범죄자를 바라보는 프로파일러 입장에서는 범죄의 세 가지 요건을 모두 충족한다고 판단한다. 첫 번째, 범행의 동기가 분명히 존재한다는 것, 그리고 기회는 범죄자 자신이 만들었다는 것이다. 두 번째는 범행 전에 피해자를 물색한다든지 또는 유인할 준비를 한다는 것이다. 그 후 적절한 장소로 끌고가 범행을 저지른다. 그리고 범행을 저지른 후에는 체포되지 않기 위해 증거를 인멸하기 시작한다. 범행 준비 단계와 실행, 증거인멸까지 이어졌다면 범죄자는 당시 술을 마신 상태일 뿐, 음주 상태이기 때문에 심신이 상실되거나 미약한 상태가 절대 아니라는 것이 인정되어야 한다.

성범죄에 심신미약이라는 말이 심심치 않게 등장하는 이유는 범죄를 구성하는 요건에 해당되어야만 범죄로 인정하기 때문이다. 범죄의 세 가지 요건 중 첫 번째는 이와 같이 범죄가 성립될 수 있는 범죄의 구성요건에 해당되어야 한다. 구성요건은 위법한 행위를 유형적으로 규정한 것이다. 두 번째는 위법한 행위여야 한다. 예를 들어 타인의 집의 문을 부수면 재물손괴죄로 처벌한다는 범죄의 구성요건에 해당된다. 그러나 집 내부에서 화재가 발생했다든지 위급한 환자가 발생했을 때 구조와 구호를 위해 문을 부수고 들어갔다면 재물손괴죄의 요건에는 해당되지만 이를 위법한 행위로 볼 수는 없다. 세 번째는 책임성이다. 범죄의 구성요건과 위법성에 모두 해당되지만 책임을 갖지 않는 사람이 있다. 지능이 낮거나 연령이 낮거나, 또는 장애로 인해서 상황판단을 하지 못하는 사고장애를 갖고 있는 경우다. 물론 범죄에 대한 처벌도 중요하지만 치료 등 다른 방안이 필요한 대상이므로 범죄가 성립되지 않는다. 이 책임성에 해당되는 것이 바로 심신상실이다. 그래서 성범죄자들은 세 가지 범죄 구성요건 중에 두 가지는 해당되지만 단 한 가지, 음주 상태에서의 범행을 강조하며 책임성을 줄이려는 것이다. 다시 한번 강조하자면, 범죄의 준비와 실행과 증거인멸의 3단계가 모두 체계적으로 일어났다면 범행 당시 술을 마셨을 뿐이지, 결코 심신이 미약한 상태는 아니다.

2008년 경기도 안산시에서 8세 아동을 성폭행하고 상해를 입혀 징역 12년을 선고받고 2020년 12월에 출소해 사회적 공분을 사고 있는 조두순 사건 또한 이 같은 맥락이다. 아이를 선택해 범행 장소로 유인해 범행을 저지른 후 체포를 피하기 위해 증거 훼손을 목적으로 아동의 신체를 훼손하는 큰 범죄를 저질렀지만 범행을 저지른 사실에 대해 기억나지 않는다며 끝까지 심신미약 상태를 주장했다. 조두순이 주장한 심신미약을 인정했다는 것은 우리 사회에 던져진 굉장한 충격이었다. 이제 우리는 아이들을 성범죄로부터 보호하기 위해 무엇이 필요한지, 어떻게 해야 하는지 반드시 알아두어야 한다.

아동 성범죄자, 그들은 누구인가

성범죄자가 한 가정집에 침입해 집에서 자고 있던 아동을 납치한 후 범죄 현장으로 데리고 가서 범행을 저지른 사건이 있었다. 이 사건에 투입되어 범인을 대면하게 되었는데 그는 말했다. "그 아이가 그날 운이 없었을 뿐입니다." 자신의 행동을 당연시한 사고에서 비롯된 말이었다. 그리고 피해를 입은 아동은 그 사람을 혼내달라는 글을 썼다. 이 같은 범죄는 공분을 사기에 충분하지만 다분히 공분에 그쳐서는 안 될 것이다. 성범죄자는 어떤 사고를 하고, 어떤 인격을 가졌는지 들여다보아야 한다. 그들을 알아야 내 자녀, 내 주변 사람들을 보호할 수 있기 때문이다.

성적인 자극은 연쇄살인을 저지르는 자극과 굉장히 유사한 특징을 지니고 있다. 연쇄살인범과 마찬가지로 점차 더 큰 자극을 얻을 수 있는 기회를 만들어가기 때문에 수법 또한 변화한다. 성범죄는 사소한 성적 착취물을 보는 것에서부터 비롯되는 경우가 대부분이다. 해외의 경우에는 아동 성 착취물을 소지하고 있다는 것만으로도 10년 이상의 처벌을 하고 있다. 사고가 작은 자극에 머무르지 않고 더 큰 자극을 추구하게 되기 때문이다. 성적 착취물을 보는 단계를 넘어서면 그와 관련된 도구들을 수집하기 시작하고, 이 자극에서 만족감을 얻지 못하면 더 큰 자극을 위해 실행하는 단계까지 이어지는 연결 고리를 갖는다. 성범죄자를 분석하기 위해 그동안 만났던 범죄자들의 공통점은 성적 착취물에 관한 영상을 과도하게 많이 소지하고 있고, 일상에서도 늘 성적인 환상을 지속적으로 추구하는 경향을 나타냈다. 성범죄자들은 어느 시점에서 자극을 멈추려 한다든지 자극을 낮추려는 경우가 없기 때문에 더 큰 자극으로 발전해 나갈 가능성이 높은 위험한 유형의 범죄로 본다.

아동 성범죄자의 주요 특징 중 하나는 아이를 유인할 때 물건을 들어달라든지, 글을 모르니 편지를 써달라든지 하는 등의 도움을 요청한다는 것이다. 아이들은 유아원이나 유치원 등의 집단생활을 통해 어렵고 힘든 사람을 도와주는 것이 우리 사회에서 가져야 할 가치라는 도덕적 교육을 받는다. 그러다 보니 누군가 나쁜 의도를 가지고 도움을 요청하면 아이는 드디어 자신이 사회적인 역할을 할 수 있다는 착각에 빠지고 마는 것이다. 범죄자들은 이런 점을 잘 이용해 도움을 요청하는 것이다.

하지만 사실 일반적인 어른들은 아이들에게 무언가 부탁하지 않는다. 이제 우리 아이들에게 '어른은 아이에게 도움을 요청하지 않는다'고 이해를 시키는 교육이 필요하다. 아이들에게 낯선 어른을 무조건 따라가지 말라고 가르치는 것은 이제 방향을 달리할 필요가 있다. 아이들은 위기의식을 느끼거나 두렵거나 낯선 거리에 있는 경우에는 본능적으로 위험을 감지하기 때문에 낯선 이를 따라가지 않는다. 하지만 성범죄자들은 아이들이 늘 다니는 친숙한 지역, 또한 범인 자신도 익숙한 장소와 지역 내에서 범행을 저지르는 특징이 있기 때문에 아이들은 자신이 늘 다니던 길에서 누군가 도움을 요청하면 당연히 그 사람에게 도움을 줄 수 있다고 생각하기 마련이다.

아이들만이 있는 시간대에 가정집에 침입해 아이들을 속여 문을 열도록 한 후 집 안으로 들어가 범죄를 저지르는 경우도 많이 발생한다. 주로 어머니나 아버지가 보내서 온 사람이라고 아이를 속인

후 문을 열게 만드는 것이다. 어른들이 없을 때 낯선 사람이 오면 문을 열어주어서는 안 된다는 주입식 교육보다는 "지금은 어른들이 안 계시니 어른이 계실 때 오세요"라고 가르쳐야 한다. 지금 우리 집에 찾아온 사람은 내 부모나 어른을 만나러 온 것이기 때문에 어른들이 없다면 굳이 문을 열어주지 않아도 된다고 이해시켜야 한다는 것이다. 아이들은 어머니나 아버지의 손님으로 여기면 친절하게 문을 열어주고 공손하게 인사한 뒤 부모가 어디에 갔는지 답변을 하는 것이 당연한 예의라고 생각하기 때문에 피해를 당하는 경우가 많다. 아이들은 성범죄에 대한 인식이 없다. 성범죄가 무엇인지 가르쳐주는 것이 아닌, 범죄자들의 수법에 당하지 않도록 이해시켜야 한다.

같은 지역에 거주하는 아동을 유인하는 사건이 비일비재한 것은 성범죄자들의 몇 가지 특징 중 하나다. 그들은 누군가에게 제안을 했을 때 거절당하는 것을 만성적으로 굉장히 두려워한다. 거절을 당한 상황이 일상적인 일임에도 불구하고 일반적인 사람과는 전혀 다른 극도의 감정을 경험한다. 이 때문에 거절하지 않는 아동들을 대상으로 마음대로 조종하고 통제하기 위해 성범죄를 저지르는 경우가 많다. 이런 이유로 피해 아동의 인근에 있거나 그 지역에 익숙한 자들이 범행을 저지르게 되는 것이다. 물론 범죄자들은 수법을 바꾸는 특성이 있다. 하지만 큰 맥락에서 벗어나지는 않는다는 것을 염두에 두고 예방에 주력해야 한다.

자백과 반성은 다르다

학자들이 제시한 범죄자의 몇 가지 유형이 있는데 이 중 첫 번째는 분노형 성범죄자들이다. 폭력이나 신체 학대를 목적으로 성범죄를 저지르는 것으로, 이들은 여성에게 굉장히 혐오적인 감정을 갖고 있다. 어릴 때 계모의 학대나 모친을 상실한 비극적인 경험을 하고 나면 여성에 대한 왜곡된 관념이 형성된다. 모든 여성이 다 그러할 것이라며 자기 분노의 대상으로 여기는 문제를 일으키게 된다. 두 번째는 가학적인 성범죄자들이다. 이들은 상대방의 삶을 파괴함으로써 자기 만족감을 추구하는 이상심리를 갖고 있는 경우가 많다. 그리고 권력을 행사하기 위해 성범죄를 저지르는 유형도 있다. 이런 유형은 자신이 지배적이며 굉장한 힘을 가진 것으로 생각하기 때문에 힘을 과시하고자 자신과 동년배의 여성이나 나이가 어린 여성들을 선택해 범행을 저지르는 경우가 많다.

지금은 성범죄 피해자 여성들을 조사하는 과정이 굉장히 간결해지고 있다. 여러 차례의 조사와 법정에 서야 하는 두려움과 부담감 등을 줄여주는 시스템으로 구축되어 가고 있다. 그럼에도 불구하고 프로파일러나 수사관 들이 범행 당시의 정황에 대해 질문을 하는 경우가 있다. 내 경우에는 피해 여성에게 어떤 방식으로 위협을 했는지, 그렇다면 대응할 때 어떤 반응을 보였는지 등을 묻는다. 이렇게 1차 추록을 통해 어떤 유형의 범죄자인지 파악하면 추적의 방식과 빨리 체포할 수 방법에 비교적 쉽게 접근할 수 있기 때문이다.

성범죄자의 관념 중 일반적인 사람들과 가장 다른 것 하나는 자신이 하는 행위들은 그저 본인의 성적인 취향이라고 생각한다는 것이다. 결코 범죄라고 생각하지 않는다. 실제로 2명의 아동을 납치해 성범죄를 저지른 뒤 끔찍하게 살해하고 매장한 사건의 범인의 방에는 비정상적일 정도로 많은 양의 성 착취물이 보관돼 있었다. "이를 통해 성적인 자극을 받는가"라는 질문을 하자 그는 "내가 소장하고 있는 내 자료일 뿐"이라고 답했다. 이렇게 성범죄자들은 성 착취물을 만들고 제작하는 과정에서 보고 느끼는 감정들을 자신의 성적 취향일 뿐이라고 여기는 것이다.

이 때문에 성범죄자들이 사회에 다시 환원될 수 없는 강력한 처벌이 반드시 필요하다. 사회에 나와 재범을 할 수 있는 가능성이 굉장히 높은 범죄의 유형이기 때문이다. 범죄자들을 20년, 30년간 수감한다고 해서 그들이 사고에 변화를 일으켜 죄책감을 느끼고, 다시는 범죄를 저질러서는 안 될 것이라는 관념을 갖지는 않는다. 여기에는 심리적인 변화를 일으킬 수 있는 교육과 심리적인 치료 접근 등이 반드시 개입되어야 한다.

1천 명의 범죄자를 만났지만 안타깝게도 이 범죄자들 중에 나와 대화를 나누면서 자신의 죄를 뉘우쳐 자백한 이는 단 한 명도 없었다. 그렇다면 이들은 왜 자신의 범죄를 자백했을까. 증거가 나오거나 벗어날 수 없는 결정적인 DNA가 나왔기 때문이 아니다. '이 정도 증거가 나왔다면 빨리 재판을 받고 다음 단계로 넘어가 빨리 형을 살고 나가는 것이 더 중요하다'는 생각으로 판단의 기준을 바꾸는 것뿐이다. 성범죄자들이 교화될 수 있는가, 타고나는 것인가, 또 만들어질 수 있는가 하는 등의 본질적인 논의는 그다지 의미가 없다. 왜 이들은 범죄를 저질렀는가를 바라보는 것이 범죄를 예방하는 첫 걸음이다.

케이스 1

n번방 사건

2019년 11월, 아동, 청소년, 여성의 신상 정보와 성 착취 영상을 공유하는 인터넷 메신저 텔레그램의 비밀 대화방인 'n번방'과 '박사방'의 실체가 최초 방송을 통해 보도된 후 2020년 1월 2일, 청와대 국민청원 게시판에 '성 착취 사건인 n번방 사건의 근본적인 해결을 위한 국제 공조 수사를 청원합니다'라는 글이 게시되면서 n번방에 대한 문제가 큰 파장을 불러일으키기 시작했다.

'갓갓'이라는 닉네임은 텔레그램 등의 메신저 앱을 이용해 피해자들을 유인한 후 협박해 성 착취물을 찍도록 한 뒤 이 영상을 8개의 채팅방에 게시했으며 이후 '켈리'라는 닉네임에게 채팅방을 넘긴 후 잠적했다. n번방은 2019년 9월에 사라졌고 이후 다른 방들이 생겨났다. 그중 '박사방'이라는 채팅방을 운영한 '박사'라는 닉네임은 성 착취물을 텔레그램 채팅방을 통해 유포하면서 암호화폐 결제를 통해서만 이용할 수 있는 시스템을 사용했다.

텔레그램은 고도의 암호화 기능이 적용되어 있는 등 다양한 기능이 있는 것으로 회사와 본사가 외국에 있어 한국의 수사기관이 직접 영향을 미치기 어려운 측면이 있다. 한 고등학생은 텔레그램을 통해 수천 명이 참여하는 비밀 채팅방을 개설해 운영했으며 경찰 수사를 우려해 채팅방을 수시로 개설하며 없애는 방법을 사용했다. 이 채팅방들을 통해 공유된 불법 영상물은 1만 9천 개에 달하는 것으로 알려졌다. 하지만 불법 영상을 유통한 데 그치지 않고 경찰 수사에 대비해 지식방을 운영하며 수사 대비법을 공유하는 형태로 이뤄졌다. 이 같은 행태로 볼 때 불법 영상물을 공유하는 것이 불법이라는 사실은 충분히 인지하고 있었던 것으로 볼 수 있다.♡

사건 결과

2020년 2월 9일, n번방 사건의 동조자가 검거되었다. n번방에서 파생된 텔레그램 방 운영자들과 공범 16명, 영상물을 2차 유포한 혐의를 받는 유통·소지 사범 50명 등 총 66명이었다. 이후 경찰청은 경찰청장 산하 사이버테러수사대에 '텔레그램 추적 기술적 수사 지원 TF팀'을 구성해 'n번방'과 '박사방' 사건 등을 집중 수사하기 시작했고 3월 17일, '박사'로 추정되는 유력 피의자와 일당 14명을 검거

♡ CBS 라디오 〈김현정의 뉴스쇼〉, 2019. 11. 14.

했다. 피의자는 범행을 극구 부인했지만 결국 본인이 '박사'임을 시인했고, 공범들 가운데는 구청이나 동사무소에서 근무하는 사회복무요원들이 있어 이들이 피해자들의 개인정보를 알아내 유출시킨 것으로 파악됐다.

2020년 12월, 수사 종료 시점에서 확인된 피해자는 1천 명이 넘으며, 그중 20대 이하가 60.7%에 달하는 것으로 나타났다. 이 사건에 가담한 범죄자는 영상 소지와 배포자를 포함해 최소 6만 명 이상이었다.

n번방과 박사방의 언론 보도 후 서울지방경찰청은 수사에 착수했지만 '박사'의 실체를 알아내기란 쉽지 않았고 피해자들 또한 나서지 않는 상황이었다. 박사방 입장료를 입금하라고 게시한 가상화폐 지갑 주소 추적에 나섰지만 이 또한 주소를 수차례 바꿔나가는 수법으로 수사망을 피해갔다. 가상화폐 거래소 등에 여러 차례 자료 요청을 한 끝에 결국 계좌를 확보하고 박사가 여러 명에게 가상화폐로 벌어들인 수익금을 현금화시켰다는 사실을 확인, 공범 중 한 명으로부터 경기도 수원시에 위치한 한 아파트에 범죄 수익을 전달했다는 진술도 확보했다.

경찰은 박사의 공범자인 '부따'의 이동 동선에 주목한 끝에 '부따'가 2019년 9월부터 '박사방' 텔레그램 계정을 광고하면서 피해자를 유인하는 역할을 맡은 것을 확인했다. '부따' 역시 경기도 수원시 한 아파트에 범죄 수익을 전달했는데 이 외에도 박사와 살해 공모, 정치인 관련 제보를 준다며 금품을 요구한 뒤 돈을 전달하기 위해 여러 차례 이 아파트를 찾아 소화전에 넣어둔 것으로 밝혀졌다. 경찰은 잠복 끝에 소화전을 열어 현금을 가져가는 남성을 확인했고, 지하철 출구에서 한 시민단체가 진행 중이던 서명운동에 서명을 한 모습을 포착했다. 경찰은 직접 서명한 이름과 생년월일을 확보했다. 이름은 조주빈, 1995년생이었다. 경찰은 이 신상정보를 토대로 조사한 결과 과거 인천 지역의 보이스피싱 인출책 등을 신고해 인천 미추홀경찰서로부터 감사장을 받은 사실을 확인했다. 그리고 박사가 대화방 참여자들에게 실시간 검색어 순위 올리기를 지시했다는 것에 주목하고 조주빈 또한 이 작업에 참여했는지 알아보기 시작했다. 박사는 주로 무료회원들을 대상으로 특정 단어가 포털사이트 실시간 검색어에 오르면 유료방에 초대해준다든지, 성 착취물을 공유하겠다는 등의 방식으로 참여자들을 유인했기 때문이다.

확인 결과 조주빈 또한 이 작업에 적극 참여한 것으로 나타났고 배송 조회를 위해 택배 운송장 번호를 포털사이트에서 검색한 사실도 드러났다. 범죄 수익금을 직접 수령하거나 편의점 택배를 통해 전달한 것이다. 이 같은 사실을 토대로 이메일 내역에 대한 압수수색영장을 발부받았다. 그리고 잠복 수사 끝에 조주빈이 '박사'임을 확신하고 그간 쌓은 혐의를 종합해 체포영장을 발부받았다. 조사 결과 조주빈은 체포되기 전까지 6개월간 아동과 청소년 16명을 포함해 74명의 피해자들의 성 착취물을 제작하고 유포한 것으로 드러

났다.[♀]

경찰은 5월 9일, 24세 문형욱을 n번방 운영자인 '갓갓'으로 특정해 소환 조사를 벌인 끝에 자백을 받고 긴급체포했다. 문형욱은 n번방의 창시자로 조주빈이 운영한 '박사방'의 원조격이다. 2019년 9월에 잠적한 문형욱은 자신은 검거되지 않을 것이라며 문화상품권만 받았기 때문에 추적할 수 없다든지, 핸드폰을 버리면 증거가 없으니 자수해도 감옥에 가지 않는다는 등의 발언을 한 것으로 알려졌다.

조주빈은 체포 직후 자신이 박사가 아니라고 주장했는데, 조주빈이 체포된 다음 날 조주빈과 공모해 방송사 사장과 광역시 전 시장을 속인 2명이 체포됐다. 이들 또한 조주빈과 공모하여 유튜브 채널을 운영하는 기자에게도 사기 행각을 벌인 것으로 나타났다.

조주빈은 텔레그램을 통해 미성년자를 포함한 최소 74명의 성 착취물을 제작·유포한 혐의로 재판에 넘겨져 2020년 11월 26일, 재판부는 조주빈을 성 착취 영상물 제작·유포 혐의로 1심에서 징역 40년을 선고하고 신상정보 공개·고지 10년, 취업 제한 10년, 위치 추적 전자장치(전자발찌) 부착 30년, 1억여 원 추징 등을 명령했다. 하지만 조주빈은 항소장을 제출했으며, 징역 5년을 추가로 선고받았다.

2021년 8월 17일에 열린 2심에서 징역 42년을 선고받았다. 검

♀ 홍영재 기자, "취재파일 조주빈, 이렇게 체포됐다", SBS 뉴스, 2020. 11. 27. news.sbs.co.kr/news/endPage.do?news_id=N1006094508

찰은 조주빈과 박사방 가담자들이 범죄를 목적으로 한 범죄단체라고 봤다. 박사방 범죄 수익을 암호화폐로 지급받아 환전하는 방법으로 53차례에 걸쳐 약 1억 800만 원의 수익을 감춘 혐의도 받았다. 하지만 조주빈은 박사방이 범죄단체가 아니며 검찰의 증거가 위법하게 수집됐다고 주장했다.

재판부는 "박사방이란 전무후무한 성 착취 범죄단체를 조직해 조직원들에게 역할을 분담시켜 다수 피해자를 유인해 성 착취물을 제작·유포했으며, 이 과정에서 제3자에게 아동·청소년인 피해자를 성폭행하도록 지시했다"며, "디지털 성범죄를 일종의 오락으로 삼아 가담자를 끌어들여 수많은 가해자를 양산하고 피해를 누적했다"고 질타했다. 하지만 "피고인 아버지의 노력으로 피고인이 원심에서 일부 피해자와 합의했고, 항소심에서도 피해자들과 추가로 합의해 다소나마 유리한 정상으로 고려할 수 있다"고 양형 배경을 설명했다.♀

조주빈의 범행을 도운 혐의로 재판에 넘겨진 '부따' 강훈은 아동·청소년의 성보호에 관한 법률위반(음란물 제작·배포 등) 등 혐의로 2021년 8월 26일, 1심과 마찬가지로 2심에서도 징역 15년을 선고받았다. 재판부는 "범죄집단을 조직하고 활동한 혐의가 인정된다"며 "구성원들은 피해자를 유인·광고하고 성 착취물을 제작했으며 오프라인 성범죄를 이행하는 등 과정에서 명시적·묵시적으로 역할

♀ 신진호 기자, "박사방' 조주빈 2심 감형…이유는 '일부 피해자와의 합의'", 서울신문, 2021. 6. 1. www.seoul.co.kr/news/newsView.php?id=20210601500150

을 나누고 수행했다"고 지적했다. 그리고 "조주빈 역시도 박사방과 관련해 강훈의 도움을 받았다고 인정했다"며 "강훈은 피해자 물색·유인, 범죄 수익 인출·은닉 등 박사방에서 나름 필수적인 역할을 담당"했고, "조주빈과 함께 공모공동정범으로 형사책임을 져야 한다"고 했다. 2020년 9월, 피해자를 협박해 새끼손가락 인증사진을 전송받고, 같은 해 11월 또 다른 피해자에게 "말을 듣지 않으면 전신 노출 사진을 유포하겠다"는 취지의 협박을 한 혐의도 적용됐다. 강훈은 아동·청소년 성보호에 관한 법률상 음란물제작배포 등 총 11개 혐의로 구속기소됐다.♡

함께 기소됐던 조주빈의 공범 남경읍은 1심에서 징역 17년, 공무원 천○○는 징역 13년, '박사방' 유료 회원인 임○○는 징역 8년, 장○○는 징역 7년을 선고받았으며, 미성년자인 '태평양' 이○○는 장기 10년·단기 5년의 징역형이 유지됐다.

문형욱은 2017년 1월부터 2020년 초까지 1,275차례에 걸쳐 아동·청소년 피해자 21명에게 성 착취 영상물을 촬영하게 한 뒤 자신에게 전송하는 방법으로 음란물을 제작한 혐의로 재판에 넘겨져 1심에서 징역 34년을, 2심 또한 징역 34년을 선고받았다.

♡ 최현만 기자, '조주빈 공범 부따 강훈, 2심도 징역 15년…' 뉴스1, 2021. 8. 26. www.news1.kr/articles/?4415611

범죄자의 특성

조주빈은 초등학교 입학 전에 부모가 이혼해 아버지와 누나와 함께 인천의 정부지원 임대주택에 거주, 대학에서 정보통신을 전공했다. 글쓰기를 좋아해 독후감 대회에서 최우수상을 수상하기도 했으며, 학보사에서 기자로 활동, 편집국장을 맡기도 했으나 횡령과 독단적인 태도 등의 이유로 해임된 것으로 전해졌다.

대학에서 장학금을 여러 차례 받는 등 성실한 학생으로 알려졌고, 대학 졸업 후에는 총 58차례 봉사활동에 참가, 민간자원봉사센터에서 장애인지원팀장을 맡으며 보육원과 장애단체에서 봉사를 해왔던 것으로도 알려졌다. 매번 아이들에게 줄 문화상품권과 간식도 챙겨왔다고 한다. 돈이 어디에서 나는지 물었을 때는 인터넷으로 관상을 봐주고 돈을 벌었다고 대답하기도 했다. 주변의 증언에 따르면 평소 조주빈은 관상학에 관심을 보였던 것으로 전해졌다. 사람들의 관상에 대해 말해주기도 하며 거리에서 사람들의 얼굴을 관찰하는 것이 재미있다는 말을 했다고 한다.

2018년부터 텔레그램에서 총기·마약 등을 판매한다는 허위광고를 올리며 사기 행각을 벌여왔고 이후 텔레그램에 '박사방'을 개설해 성 착취 음란물 제작과 유포에 손을 대기 시작했다. 측근에 의하면 조주빈이 군대를 제대한 후 1년간 연락이 되지 않았는데 이때 사

지연장술을 받은 것으로 안다고 전했다. 평소 키가 작은 것이 콤플렉스로 작용했기 때문인데 수술의 부작용으로 다소 절뚝거리는 모습을 볼 수 있다.

2020년 1월, 한 방송 프로그램에서 인터뷰를 통해 본인의 나이는 40대이며 두 발이 없는 장애인이라고 언급한 적이 있다. 또한 당시 캄보디아에 거주하고 있다며 다른 사건으로 수배당해 여권이 말소됐다고 말하기도 했다. 그리고 방송을 내보내면 매주 한 명의 영상을 추가로 유포하고 해당 방송국 사옥에서 분신자살시킬 것이라며 협박했다. 그 후 수사 소식에 직접 대응해 본때를 보여주겠다든지, 자신을 건드리면 대한민국을 뒤집어야 할 것, 잡을 수 있으면 잡아보라는 등의 호기를 부렸고, 수사망이 좁혀오자 '박사방'에 유서를 올리며 자살을 암시하기도 했지만 다음 날인 3월 16일 조주빈과 일당 14명이 검거됐다.

조주빈은 피해자들에게 새끼손가락을 펴고 찍은 얼굴 사진도 요구했는데, 이것은 사진과 영상을 유포할 때 피해 여성이 박사의 '노예'임을 알리는 워터마크 역할을 했다. 사기 피해를 입은 한 방송사 사장의 증언에 의하면 조주빈은 흥신소 직원을 가장해 협박했고, 언론 보도에 따르면 대화방에서는 자신이 방송사 사장과 호형호제하는 사이라고 주장하기까지 했다.

조주빈은 또 다른 온라인 공간에서는 음란물 단속이나 성폭력 사건에 대한 상담사 노릇을 한 것으로 나타났다. 한 포털사이트에는 한 누리꾼이 "아동 포르노나 미성년자 음란물을 보면 단속 대상이 된다는 얘기를 들었는데 여자는 해당되지 않는다고 한다"는 글을 게시하자 조주빈은 잘못된 이야기를 들은 것이라고 충고하기도 했고, 미성년자 음란물을 다운받았다는 한 누리꾼에게는 "단속에 적발되면 잡혀가지만 걸릴 확률은 낮으니 걱정 마라"고 조언하기도 했다. 성범죄와 관련한 고민을 토로하는 글에도 신고를 권유하며 대응 방법 등에 관한 조언을 남겼다. 2009년부터 2013년까지 이 사이트에 총 478개의 조언 글을 달며 활발하게 활동한 것으로 드러났다.♡

박사는 수사기관을 조롱하는 듯한 행태도 저질렀다. 한 피해자는 박사에게 피해를 입은 뒤 어떤 이의 권유로 수사기관에 피해 사실을 신고하게 되었는데 나중에 알고 보니 그 '어떤 이'가 바로 '박사'인 조주빈이었다는 것이다. 조주빈은 다른 아이디로 접근해 신고를 하도록 하고 피해자에게 수사기관 내부를 사진으로 찍어 오도록 했다.♡♡

조주빈은 검거 후 처음으로 언론 앞에 모습을 드러낸 가운데 방송사 사장과 전 시장, 기자를 비롯해 자신에게 피해를 입은 모든 분께 사죄한다고 말했다. 이어 "멈출 수 없었던 악마의 삶을 멈춰주셔

♡ 권선미 기자, '조주빈의 '이중생활'…인터넷서 성폭력·음란물 상담사 노릇', 연합뉴스, 2020. 3. 24. www.yna.co.kr/view/AKR20200324086600004

♡♡ 특별취재팀, '능욕 댓글에 집 주변 인증샷…피해여성 '공포의 나날'. 한겨레, 2019. 11. 25. www.hani.co.kr/arti/society/women/918318.html#csidxa3c2bdc9d648f1a95b5f72f118b3f71

서 감사하다"고 덧붙였다. 조주빈은 검거된 뒤 범행을 부인하며 유치장에서 펜을 삼키려 하고 화장실에 머리를 부딪치는 등의 자해 소동으로 인해 목 보호대를 착용하고 이마에 반창고를 붙인 채였다. 그리고 검거 후 2020년 6월 기준, 반성문을 22장이나 제출한 것으로 알려졌다. 감형을 염두에 둔 것이라고 추측되지만 반성문의 내용은 자신의 혐의에 대해 일부는 부인하고 책임을 돌리는 내용도 담겨 있었다고 전해졌다.

조주빈이 경찰조사를 마치고 검찰에 호송되는 과정에서 내뱉은 첫마디에는 피해자들에 대한 사과보다는 다른 사람들과의 관계에서 자신이 저지른 범죄를 더욱 부각하고 있다. 이것은 성 착취를 당한 피해자들에게 책임이 있을 수 있으며 자신이 성 착취라는 행위를 한 것에 대해서는 그다지 큰 문제로 여기지 않는다는 심리 상태를 대변하는 행동으로 해석할 수 있다. 그보다 더 중요한 것은 자신이 공범들과 저지른 이 범죄, 즉 사회적 명성이 높은 이들을 상대로 저지른 범죄를 해결하는 것이 더 급선무라고 여기는 관념을 명확히 드러낸 표현이라고 볼 수 있다.

n번방 사건은 아동 범죄를 통해 금전적 이득을 취하는 단계까지 발전해 나갔다는 점에서 사회적 충격을 안겨주었다. 이 같은 범죄는 어떤 형태로든 차단할 수 있는 사회적 장치가 분명히 필요하다는 점을 알려준다.

최근 세계적으로 큰 인기를 끌고 있는 〈오징어 게임〉이라는 드라마가 있다. 이 드라마에 등장하는 사람들은 나름대로 절박한 상황에서 결국 죽음의 게임에 참여하게 된다. 이 작품은 우리가 처한 사회적 상황이나 절박한 상황에서 대다수 사람들이 겪는 고뇌와 갈등 등 다양한 메시지를 담은 드라마로 평가된다.

이 작품을 평가할 의도도 없고 그런 안목이 있는 전문가도 아니다. 다만, 게임에 참여하게 된 사람들이 '절박한 상황'이라는 것을 게임을 설계한 사람들이 어떤 방식으로 알게 되었는지에 대한 이야기를 하고 싶다. 즉, 그들이 어떤 이유로 절박한 상황에 있다는 정보가 어떤 방식으로든 누군가에게 흘러 나간 것으로부터 이 드라마는 시작된다.

이제 현대사회 범죄 유형은 크게 변화되고 있다. 많은 강력범죄가 온라인상에서 발생하고, 디지털 성 착취 범죄의 경우 그 피해자가 수천, 수만 명이 될 수 있다. 조주빈의 경우도 개인정보의 유출로 인한 피해자 정보를 수집하는 것에서 시작되었다. 일부 무책임하게 개인정보를 관리한 공무원들, 이 정보들을 돈을 받고 넘긴 사람들 모두가 이 끔찍한 범죄의 공범이다.

강력범죄를 예방하려면 어떤 방법이 좋을까에 대한 질문을 자주 받는다. 강력한 처벌, 사회적 원인 규명과 예방을 위한 연구 등등 다 좋지만, 우리 사회가 가장 기본적으로 지켜야 하는 일에 대해 사소하게 생각하고 무시할 때 큰 범죄는 시작된다는 것을 직시하여야 할 것이다.

사람들은 누구나 의식적이든 그렇지 않든 자아에 대한 관념을 형성하고 살아간다. 자아는 자신에 대해 알고 있는 것이다. 나는 어떤 사람인가, 좋은 사람인가, 무엇을 할 수 있는 능력이 있는 사람인가. 비슷하지만 다른 개념 중 하나는 자존감이다. 자존감은 자신에 대한 스스로의 평가다. 이 평가가 부정적인 사람도 있고, 호의적인 사람도 있다. 그런데 이 평가에 따라 사회적 자극에 대해 반응하는 방법은 매우 다르다.

사람들은 살아가면서 실제 자신의 모습이라고 생각하는 자아가 당위적 자아(자신이 되어야 한다고 생각하는 자아)에 미치지 못한다고 생각하면 불안이 야기되고 이 불안은 당위적 자아를 이루기 위한 동기로 작용한다.

그런데 이 당위적 자아가 도저히 자신이 갈 수 없는 곳이라고 생각할 경우 어떤 사람들은 그 목표를 이루기 위한 노력을 하지 않고 당위적 자아의 가면을 쓴다. 학력을 위조하고, 엄청난 부를 이룬 것처럼 남을 속이기도 한다. 사기범죄자와는 다르다. 그저 자신을 어떤 위치에 있는 사람으로 만드는 것이다.

조주빈의 행동이나 말 등을 살펴보면 이러한 심리적 흔적이 곳곳에 남아 있다. 예를 들면, 그 끔찍한 범죄를 이어가면서 봉사활동을 하거나, 마약 범죄를 신고하여 체포할 수 있게 하는 등의 행위들을 병행하는 것. 그리고 체포된 이후 송치되는 과정에서 경찰서를 나서며 유명인의 이름을 거론하는 황당한 발언 등이 그것이다. 자신은 마치 사회적으로 어떤 위치에 있는 사람이며, 디지털 성 착취물을 구매한 수천 명, 수만 명의 회원을 '거느린' 사람으로 자신을 평가하는 자임을 드러냈다. 이런 오만함과 타인에 대한 비난, 비웃음 등은 전형적인 사이코패스 범죄자들에게서 나타나는 특징이다. 이제 사이코패스 범죄는 디지털상의 범죄로 발전해 나가고 있다는 점을 직시할 때다.

케이스
2

제주 아동 성범죄 사건◊

2007년 3월 16일 오후 5시쯤 제주도 서귀포시에 위치한 한 빌라 앞에서 초등학교 3학년 양○○ 양이 실종됐다. 양 양은 피아노 학원에서 수업을 마치고 학원 차량을 통해 집 앞에 하차한 후 사라졌다. 밤이 깊어가는데도 딸이 귀가하지 않자 양 양의 부모는 저녁 8시쯤 경찰에 실종 신고를 했다.

경찰은 대대적으로 마을을 수색하고 주민을 탐문하며 원한 관계와 이해관계 조사에도 나섰지만 단서는 나오지 않았다. 빈집, 정화조, 과수원, 창고, 쓰레기 매립장, 포구, 바다 속 등도 수색하고 공항이나 항구의 검문검색도 펼쳤지만 마찬가지였다. 경찰은 중앙치안센터에 수사본부를 설치하고 금품 강취를 목적으로 한 유괴를 비롯

◊ 내외뉴스통신(www.nbnnews.co.kr) 2017. 10. 24,
권일용·고나무, 『악의 마음을 읽는 자들』 알마, 206P
권일용, 『프로파일링 이론과 실제』 박영사, 100P

해 면식범에 의한 불상의 목적을 가진 납치, 성(性) 목적 범죄, 차량 사고에 의한 유기 등 다양한 가능성을 열어두고 수사를 전개하였으며 실종 이틀째인 18일부터 부모의 동의를 얻어 국내 최초로 앰버(Amber) 시스템을 이용해 양 양의 신원을 공개수배했다. 또 실종 전단지 약 5,000부를 제작해 시내 일원을 중심으로 배포하며 목격자를 찾아 나섰지만 신빙성 있는 제보나 목격자는 나타나지 않았고 현장 주변 거주자에 대한 탐문과 수색, 성 관련 전력자 등 수사 대상자 면접 수사에 주력했다.

경찰은 일단 금품 요구의 연락이 없는 것으로 미루어 납치 가능성은 적은 것으로 봤다. 양 양이 이동했을 만한 장소를 집중 수색하는 한편 동종 전과자 등을 대상으로 탐문수사도 벌였다. 하지만 수사의 진척이 없었다. 양 양을 찾기 위해 경찰 병력은 물론, 군부대, 공무원, 일선 마을 주민까지 나서 양 양의 집 주변과 인근 감귤 밭, 주택가 등에서 수색 작업을 벌였다. 수색 범위도 집 근처에서 해안가와 산간 지역의 하천까지 확대됐다. 양 양을 찾기 위해 뿌려진 전단지만 4만 장에 달했다. 하지만 실종 30일이 지났지만 뾰족한 단서조차 찾지 못하고 있었다.

수사가 4주째 답보 상태에 빠지자 수사과장의 요청으로 범죄행동분석팀은 제주도로 달려가 수사팀을 소집하고 수사에 착수했다. 범인의 심리를 자극해 불안하게 만들어 아이의 시신을 들고 나오도록 하는 심리전을 계획하고 먼저 주민의 마음을 동요시키는 전략을 세웠다. 주민들 사이에 퍼지고 있는 "범인은 이 지역에 있다"는 소문을 범인이 듣게 되면 이상한 행동을 하게 될 것이라는 추측이었다. 우선순위는 혼자 사는 사람으로 결론 내리고 수사팀에게 혼자 사는 사람들을 대상으로 면접을 진행하도록 했다.

사건 결과

4월 24일, 실종 40일째 오후 5시 30분쯤 감귤원 관리사 옆에 땅을 판 흔적을 발견한 수사관이 이를 이상 징후로 판단하고 수색견을 투입해 폐가전 속에서 검은색 비닐과 마대에 싸여 있던 부패된 시신을 발견했다.

경찰은 유력한 용의자로 과수원 내 관리사에서 살고 있던 성○○(49세)를 특정했다. 범인의 거주지는 양 양의 집에서 50미터가량 떨어진 곳에 있는 과수원이었다. 추측대로 범인은 마을 내에 있었던 것이다. 시신이 발견된 후 범인 성○○는 경찰에 체포됐다.

2년 전부터 이곳에서 기거해 오고 있었던 성○○는 경찰의 추궁에 양 양을 납치해 살해하고 시신을 유기했다고 자백했다. 하지만 성폭행은 하지 않았다고 부인했다.

성○○는 사건 당일 오후 서귀포시 중앙로터리 소주방에서 혼자 술을 마신 후 오후 5시 무렵 집으로 가던 중 강아지와 놀고 있는 양 양을 발견하고 순간적인 성욕을 느껴 접근해 자신이 글을 모르니 대신 글을 써달라며 자신이 살고 있는 과수원 관리사로 유인했다. 오후 7시쯤 성○○는 양 양을 강제추행한 뒤 "너 혹시 여기가 어딘 줄 아니?"라고 물었고, 이에 양 양이 "알아요"라고 답변하자 범행이 탄로 날 것이 두려워 목을 졸라 살해했다. 성○○는 범행 후 자신이 기거하는 방에 시신을 둔 채 하룻밤을 보냈고 이튿날 오전 5시쯤 시신을 마대에 싼 뒤 비닐로 이중 포장해 폐가전 더미에 은폐했다.

범죄자의 특성

아동 성범죄자의 일반적인 특성은 내향적이며 매사에 소극적이다. 사회성이 결여되어 있고 교우관계 또는 대인관계가 거의 없다. 혼자 또는 최소한의 인원과 함께 활동할 수 있는 직업과 취미생활을 가진 경우가 많다. 온순하고 착실한 사람으로 평가를 받는 경우가 많으나 피해자와 단 둘이 있을 경우 매우 위협적인 언어를 사용한다.

아동 성범죄자 유형에서 중요한 사항 중 하나는 '대부분 성인인 성적 상대를 선호하지만 적절한 접촉 기회를 마련하는 데 만성적으로 실패하여 어른 대신 습관적으로 어린이들을 상대하게 된 남자들'을 포함한다는 것이다. 쉽게 통제가 가능하며 자신의 행동에 비판적인 의사표현을 잘하지 못하는 아동들을 상대로 억눌린 환상을 실현하는 사람들인 것이다.[◊] 성○○는 앞에서 언급한 아동 대상 성범죄자의 특성에 매우 부합하는 인물이다.

근처에는 성○○의 동생이 살고 있었다. 성○○는 범행 뒤 동생에게 이사를 가겠다고 말한 것으로 밝혀졌다. 경찰 조사에서 성○○는 이삿짐을 실을 때 시체를 같이 싣고 가서 버리려고 기회만 엿보고 있었다는 사실이 드러났다. 범죄행동분석팀이 범인의 마음을 흔들어 놓지 않았다면 성○○는 무사히 이사를 갔을 것이고 양 양 실종 사건은 자칫 미제 사건으로 남았을지 모른다.

사건 발생 43일 만에 양 양의 화장 절차를 거치게 되었으며, 재판부는 그해 9월, 어린 피해자를 상대로 범행을 저지른 것과 이를 감추기 위해 사체를 유기하고 태연하게 생활한 점 등 죄질이 불량하다고 판단하고 성○○에게 무기징역을 선고했다. 성○○는 1992년 서울에서 2세 남자아이를 납치하려다 부모에게 발각돼 10년간 복역했으며, 성폭행과 사기 등 전과 23범으로 아동 납치 미수 전력도 있었다.

◊ 권일용, 『프로파일링 이론과 실제』 박영사, 105P

케이스
3

부산 아파트 화재 변사 사건[◊]

어떤 이유에서도 '살인'이라는 범죄는 용납될 수 없지만 막상 사건의 내용을 깊이 들여다보면 미리 예방할 수 있지 않았을까 싶은 안타까운 사건들이 있다.

2008년 10월 18일 오전 6시 20에서 7시 30분 무렵 피해자가 자신이 예전에 살던 해운대구 반여동 소재 ○○아파트 ○○호 내에서 칼에 찔리고 불상의 화재로 탄화된 채 발견된 사건이 발생했다. 사망 당시 피해자는 아르바이트를 가지 못하겠다고 연락을 한 후 근처 PC방에서 밤을 새우고 있었으며 6시 20분 무렵 함께 있던 동네 후배와 PC방 주인에게 잠시 나갔다 오겠다며 PC도 끄지 않은 채 나간 후 돌아오지 않았다고 한다.

피해자가 사망한 장소는 피해자가 직장을 다니며 마련한 아파

◊ 본 원고는 부산지방경찰청 범죄분석요원 김해선, 검시관 홍병옥 등 현장에 투입된 CSI 요원들이 합동으로 분석한 사건의 자료를 토대로 작성한 것임

트로 가족들과 함께 생활하다가 최근에 옆 동으로 이사를 하고 세를 놓으려던 빈 집이었는데, 발생 당시 출입문은 시정(자물쇠를 채워 문을 잠금) 상태였으며 과학수사팀이 현장에 출동할 당시에는 소방 측에서 화재를 진화하기 위해 현장 출입문의 시정 장치를 손괴한 상태였다. 작은방과 현관은 특히 심하게 소훼(燒燬)되어 있었고 방 안 곳곳에서 라이터가 발견되었다. 작은방과 거실은 최근 이사를 하고 비워진 상태로 미처 치우지 못한 취사도구와 세면도구 일부와 면장갑, 소훼된 전선 뭉치, 나무, 종이박스, 쓰레기 등이 남아 있었고, 작은방에는 폭발한 휴대용 가스통이 발견되었다. 안방에서는 피해자의 것으로 보이는 사진첩, 가방, 캡슐 알약 50여 개, 성 보조기구, 공업용 칼, 공구 등이 발견되었다. 피해자는 거실에서 현관문 방향으로 천장을 보고 누운 채로 사망해 있었고 얼굴을 비롯해 상체 전면부가 심하게 소훼된 것에 반해 후면은 거의 소훼되지 않은 상태였으며 상의가 약간 올라간 상태로 신발을 신고 있었다.

검시와 감식 결과 피해자의 신체에서 33개의 자창과 절창이 나타났으며 경부와 하복부, 성기에 공격이 집중되어 있었고 사인은 흉부와 경부 자창에 의한 실혈사(失血死. 심한 출혈로 인한 사망)였다. 종합적인 소견으로 미루어 이는 스스로 행하기 어려운 상흔이라 할 수 있고, 피해자가 제압당한 후 추가 손상을 가한 것으로 추정되는 상흔, 이동했을 것으로 추정되는 상흔, 그리고 사후 소훼의 자국 등으로 볼 때 자살이나 사고사의 가능성은 배제되어야 할 것으로 판단되었다.

검시 결과를 참고하여 정밀 현장 감식을 진행한 결과 인위적 개입에 의한 다수의 발화원이 존재하는 화재인 것으로 추정되며 1차 현장 감식에서 발견한 피해자 주변과 작은방 안쪽 화재 잔류물에서 인화성 물질이 검출되었다. 10년 전 피해자의 모친이 사망하고 난 후 여성이 없었던 피해자 가정의 특성상 현장 바닥에서 발견된 여성용 귀걸이와 현장 바닥에 있던 다수의 예기에서 유전자 감정 결과를 기대하였으나 나오지 않았으며 현장 감식을 통해서는 피의자를 특정할 만한 증거를 사실상 발견치 못한 상태였다.

사건 분석

피해자의 주거지를 전혀 모르는 범죄자의 경우 자신이 부담해야 하는 심리적 부담의 수위가 높다. 피해자의 이전 주거지는 3층에 위치하여 우발적인 범행 대상이 되기에는 적합하지 않은 특징을 지니고 있다. 때문에 발생 현장의 상태를 이전부터 잘 알고 있거나 만났을 경우, 피해자가 지금 살고 있는 주거지가 아니라 전세로 내놓은 주거지로 데려갈 것을 알고 있는 자일 가능성이 높으므로 피해자와 일면식 이상의 면식이 있는 자의 범행으로 추정됐다.

정리해 보면, 피해자는 사건이 발생한 전날 아르바이트를 하는 곳에 약속이 있어 갈 수 없다는 이유로 출근을 하지 않았고, 이 약속을 위해 PC방에서 게임을 하며 기다렸으나 정작 범행 시간에 PC방을 나설 때는 컴퓨터를 끄지도 않고 "잠시 다녀오겠다"고 말하고 나간 것으로 보아 시간이 오래 걸리지 않는 약속이었던 것으로 생각된다. 사건 당일의 약속은 짧은 시간이지만 그 시간이 아니면 안 되고 반드시 다른 사람에게는 알리지 않고 만나야 할 약속이었던 것으로 분석됐다. 잠시 동안, 그것도 피해자의 주거지 부근에서 만날 정도의 약속일 경우 상대방으로부터 받을 물건이 있는 경우와 상대방이 오래 지체할 수 없는 경우 등으로 생각해 볼 수 있다. 피해자의 통화 내역 상에는 발생 시간 전 피해자에게 연락이 온 내역에 특이점이 없었다는 것으로 보아 전화가 아닌 다른 수단을 이용했을 가능성도 고려해야 할 것이었다.

결론적으로, 피해자는 사건 당일 오전에 잠시 이 사건의 범죄자와 은밀히 만날 약속이 정해져 있었으며, 또한 범죄자는 직장이나 학교 등 비교적 정해진 일상이 있어 규칙적인 생활을 하는 자일 가능성이 높은 것으로 판단됐다.

피해자의 상흔으로 범행을 재구성해 보면, 운동을 오랫동안 했다는 26세의 남성임에도 거의 반항흔이 남지 않았고 바로 옆집에 사람이 깨어 있었음에도 불구하고 피해자의 비명 소리를 듣지 못했다는 것으로 보아 열쇠로 문을 열고 들어가는 동시에 기습적으로 공격을 받은 것으로 추정됐다.

피해자 후두부에 나타난 역 J 모양의 상흔으로 보아 후두부에 일차적 공격이 가해진 것으로 추정되고, 경부와 하복부 상흔의 군집성으로 보아 범죄자는 폭발적인 분노로 인해 이성을 잃은 상태는 아니었던 것으로 판단됐다. 또한 화재가 어느 정도 진행되고 작은방의 부탄가스통 폭발음을 듣고 신고가 이루어진 것이므로 실제 범행 시간은 1시간보다 더 짧을 것으로 추정되는데, 비교적 짧은 시간 동안 피해자를 유인하여 함께 피해자의 빈 주거지로 가서 피해자가 출입문을 열고 먼저 들어가자 후두부와 경부, 하복부를 공격하여 살해한 뒤 주변에 있던 쓰레기를 모아 인화성 물질(피의자가 가져왔거나 사건 현장에 있었던)을 피해자 주변에 뿌리고 불을 지르고 피 묻은 자신의 주변을 정리한 후 문을 잠그고 나가는 등의 행동을 한 것으로 보아 범행 전 세밀히 계획하고 범행에 대해 반복적으로 회상을 한 계획성이 나타났다.

특히, 자창의 형태가 9센티미터 깊이의 치명적인 자창과 표재성 자창·절창 크게 두 가지로 뚜렷이 구분된다는 검시 결과와 사망과 관련된 경부에 집중된 공격과 사망에 관련 없는 하복부 및 성기에 집중된 공격 형태, 힘의 차이가 느껴지는 자창의 깊이, 현장의 가연물로 이용하려 한 벽지, 장갑 외 인화성 물질의 사용 등 상이한 두 가지의 행동이 공존하고 있다는 점으로 보아 사건의 범인은 두 명 또는 그 이상일 가능성도 고려되었다.

범행 동기 분석

성기 부분을 의도적으로 공격한 이유를 몇 가지 추론해 보면, 첫째, 성(性)적인 부분으로 피해자에게 원한이나 분노가 있을 가능성, 둘째, 성적인 동기는 없으나 수사의 방향을 성 관련 원한이나 피의자를 여성으로 특정케 하기 위한 위장의 가능성, 셋째, 정신이상자로 성기에 고착되어 있는 자일 가능성들이다. 이 세 가지 중 어떤 것이든, 범죄자의 개인적인 이유가 있든, 중요한 것은 성적인 부분에 대한 피해의식이 범죄자의 주요 범행동기로 볼 수 있다는 것이다.

분석 결과를 종합해 보면 피해자와 일면식 이상의 자로 오래전에 범행을 계획했으며 자신에게 유리한 시간에 피해자를 비어 있는 피해자의 주거지로 유인하여 살해한 것으로 추정됐다. 범죄자는 성(性)이 다른 2인일 가능성도 고려되어야 하며 그중 한 명은 성적으로 피해의식을 지나고 있는 자일 것으로 추정됐다. 또한 자신이 계획한 범행을 성공적으로 이루고 피해자의 금품을 가져가는 등의 부수적인 행동을 하지 않은 것으로 보아 범행을 계획한 자는 자기주장이 분명하며 적극적인 자일 것으로 생각되고 만약 공범이 있었다면 다른 쪽은 전혀 반대의 성향을 지닌 즉, 수동적인 자일 가능성이 있다. 범죄 현장이나 시간대가 대체로 범행을 저지르는 범죄자의 입장에서 다소 불리한 점을 보면 감정이 앞선 무모함을 나타낸다고 할 수 있어 피해자와 비슷한 연령대도 고려되어야 할 것으로 생각됐다.

수사 진행 및 결과

현장 감식 수사와 유류된 흉기 발견을 위한 현장 주변 수색이 있었으나 물질적 증거도 없고 통신수사, CCTV, 목격자 탐문수사에서도 피의자를 특정할 만한 정황적 증거도 확보하지 못한 상태에서 면식범에 초점을 두고 피해자 중심 수사를 통해 피해자 주변 인물들에 대한 수사를 집중적으로 행했다.

수사팀에서 피해자의 옛 애인이었던 이○○를 상대로 조사가 진행되던 중, 당일의 행적이 확인되지 않고 과거 피해자로부터 성폭력을 당한 사실이 있으며 사귀는 동안 비정상적인 성관계가 있었던 사실, 사건 발생 열흘 전 본인의 휴대전화가 있음에도 불구하고 공중전화로 피해자에게 전화를 걸어 통화를 한 점 등이 상당한 용의점을 나타냈다. 특히 "조○○가 죽었다"고 고지하는 수사관에게 "칼에 맞아 죽은 뒤 불에 타 죽었습니까?"라며 범죄 상황에 대해 이야기한 점, 이○○의 주거지 내 컴퓨터를 압수하여 분석, 증거를 확보하기 위해 압수수색영장 신청 이후 네 차례에 걸쳐 과잉수사에 대한 진정서를 제출함으로써 수사를 지연시킨 점들로 유력한 용의자로 판단했다.

한편, 이○○의 현 애인인 장○○ 역시 사건 발생 시점에 핸드폰이 꺼져 있었고, 사건 당일 차를 두고 버스로 출근했다는 진술과 더불어 출근 시간이 평소보다 20분가량 늦어졌던 점, 17세 연하인 이○○를 맹목적으로 따른다는 점으로 미루어 이○○와 공모하여 범행했을 가능성이 크다고 보고 본격적인 수사를 진행했다.

수사가 진행 중이던 11월 13일 오전 3시 30분 무렵 강원도 강릉시에서 용의자 이○○와 장○○가 우울증 약을 복용한 후 차를 몰고 저수지에 뛰어들어 동반자살을 기도하는 사건이 발생했다. 강릉경찰서의 연락을 받고 담당 경찰서에서 신병을 확보하는 과정에서 차 안에서 장○○의 이전 교통카드 충전 영수증을 확보하였고 결과 회보를 기다리던 중 단순 교통사고를 주장하며 몸과 정신이 온전치 못하다는 이유로 용의자의 가족과 용의자들이 강력하게 귀가 요구를 해왔다. 이 상황에서 피의자로 특정하고 수사를 속개할 증거가 없었기 때문에 일단 귀가 조치했다. 그리고 다음 날 교통카드 내역이 회보되어 이들의 사건 당일 행적을 확인하고 검거하려 했을 때는 이미 도주한 상태였다.

도주한 용의자들은 결국 며칠 후 ○○모텔에서 사망한 채 발견되었다. 표백제를 음독하고 이○○는 반항하지 않은 상태에서 장○○가 찌른 자창에 의해 복부 1개소의 치명상을 입고 사망했고 장○○는 스스로 자신의 복부를 찔러 사망한 것으로 추정되는 상흔을 남기고 사망한 것이다. 피의자들의 사망 후, 소지품에서 범행 계획 메모 등 추가 증거 자료를 발견하는 것으로 사건은 종결되었다.

살인을 하고 범행을 은폐하기 위해 방화를 한 사건이라 현장에 남아 있는 구체적인 물적 증거가 없는 상태에서 사건을 분석하기란 쉽지 않다. 프로파일링은 현장에 나타난 증거물과 수사팀의 수사내용을 토대로 이루어지는 분석기법이기 때문이다. 때문에 현장과 피해자라는 한정된 정보만을 가지고 많은 가능성들을 검토한 홍병옥 검시관과 김해선 분석요원의 협조적 노력이 이 사건 해결에 중요한 역할을 한 것이다. 검시와 부검을 통해 타살로 수사의 방향을 돌릴 수 있었고 상흔을 통한 현장 재구성과 상황 분석으로 용의자상을 추정하여 수사선상에 있던 용의자를 압축하는 데 도움을 줄 수 있었던 것이다.

특히, 초기 현장 판단에 있어 내부에서 문이 잠겨 있었다는 소방관의 진술과 현장에서 발견된 다량의 캡슐 알약, 자살의 경우 나타나는 주저흔과 매우 유사한 경부의 표재성 자창, 현장 곳곳에 있던 예기와 라이터로 인해 자칫 자살로 판단할 요소들이 있었지만 면밀한 현장 감식과 사체 상황에 대한 검시를 진행한 것은 판단의 오류를 범하지 않는 데 큰 영향을 준 중요한 사항이다.

범죄자들이 사망함으로써 범행 계획부터 경부 전면과 성기에 대한 상해 이유, 피해자가 출입문 앞에서 특이 자세를 취하고 있는 이유, 도주한 경로 등 더 세부적인 현장 재구성을 할 수 없게 되었다는 점에서는 많은 아쉬움이 남는 사건이었다. 다만, 용의자 이○○가 평소 친구들에게 극찬을 아끼지 않았던 『소녀의 기도』라는 인터넷 소설 속 주인공의 범행 수법이 이번 사건의 범행 수법과 많이 닮아 있다는 점으로 미루어 추정할 뿐이다.

이 사건은 청소년기의 부정적인 사고 형성과 성폭력의 경험으로 인해 사회를 왜곡된 시선으로 바라보고, 평소 잭나이프를 소지하며 사소한 일도 빌미로 삼아 자해를 반복했던 용의자가 자신을 성폭행하고 2년 동안 성적으로 학대했던 피해자에게 보복하기 위해 자신을 맹목적으로 따르는 애인 장○○를 끌어들여 살해한 것으로 판단된다.

수사 종결 이후, 유력한 용의자를 풀어주어 자살하도록 방치했다는 이유로 수사팀이 곤혹스러운 상황에 놓이기도 했다. 하지만 임의수사 원칙에 입각하여 압수수색영장이 나오기 전까지 유력 용의자의 압수수색을 유보한 것이나 결정적인 증거가 없는 상태에서 건강상의 이유로 귀가 조치한 것은 매우 합리적이고 합법적인 처분이었다.

최근 많은 범죄자들이 DNA와 같은 확실한 증거 앞에서도 범행을 부인하는 일이 많이 발생하고 있는데, 이러한 범죄자들의 자백을 유도하기 위해서는 발생한 사건의 실체가 무엇인지, 즉 궁극적 동기와 목적이 무엇인지를 밝혀내는 것이 가장 중요한 일이라고 할 수 있다. 평범한 일상의 사소한 일들도 어떤 개인에게는 특별한 동기가 형성될 수 있고 또 어떤 개인에게는 무의미한 일이 될 수 있기 때문이다.

PROFILING CASE STUDY

묻지 마 범죄

4

범죄에는 분명히 동기가 있다

'묻지 마 범죄'는 동기가 불분명하다는 함축된 의미를 지니고 있다. 대부분의 사람들은 이 용어를 통해 어떤 유형의 범죄인지 이해하지만 사실 실무의 입장에서나 학계의 입장에서는 이 용어를 적절하지 않은 것으로 판단한다. 이는 분명히 범죄임에도 불구하고 가해자와 피해자가 직접적인 인과관계가 없이 벌어진 사건이기 때문에 단순히 피해자에게 공격을 했다는 의미로 해석될 수 있기 때문이다. 하지만 범죄자는 반드시 동기를 가지고 있다.

그간 한국 사회에서 발생했던 범죄는 그 동기가 분명하다는 특성이 있었다. 그런데 1990년대 중반을 넘어가면서 사회에 대한 막연한 분노감을 표출하는 집단이 나타나기 시작했고 2000년대에 들어서는 자기감정, 자기 분노를 표출하기 위한 연쇄살인이 발생해 우리 사회를 굉장히 큰 충격에 빠뜨렸다. 그리고 그 이후에 지금까지 연쇄 범죄가 나타나지 않은 것은 사회 구성원들의 국민 의식이 높아지고 예방, 방범 시스템이 많이 발전했기 때문이지만 그렇다고 해서 분노의 감정, 또한 부적절한 감정을 가지고 있는 사람들조차도 사라진 것은 아니라는 것이다. 범행을 저지르기 위해 오랫동안 계획을 수립하고 피해자를 선정하는 것이 아니라 현장에서 자기감정을 즉흥적이고 부적절한 방법으로 표출하는 범죄가 늘어나기 시작한 것이다.

최근에 일어났던 대표적인 사건 중 하나는, 아파트에 방화를 한 뒤 범행 도구를 지니고 계단 입구에 기다렸다가 탈출하는 주민들을 공격하는 끔찍한 범죄였다. 물론 이 사건의 범인은 조현병과 관련된 문제를 갖고 있다는 것이 언론보도를 통해서 밝혀졌다. 하지만 조현병을 앓고 있다고 해서 범죄를 저지르는 것이 아니라 개인이 갖고 있는 부적절한 감정과 분노 등이 형성되어 조현병이라고 하는 망상이 어떤 촉발 요인으로 작용한 것이라고 할 수 있다. 이는 조현병만이 문제는 아니라는 것이다. 언론을 통해 범인의 얼굴이 공개됐을 때 범인은 "나도 억울하다. 내가 다른 가족들로 인해서 더 많은 피해를 받았다"고 주장했다. 이는 사고의 부적절함을 단적으로 드러내는 부분으로 편집증적인 사고나 자신이 가진 질환으로 인해 주관적인 경험의 고통에서 비롯된 사건이다. 자신이 억울하다고 해서 상대방을 마치 처벌하듯 범죄를 저지른다는 것은 개인이 가진 문제를 분명히 나타내고 있는 것이다.

두 번째 사례는 PC방에서 자신의 요구사항을 들어주지 않았다는 이유로 아르바이트 학생을 무참히 살해한 사건이다. 이때도 범인은 "사실 나는 부적절한 것에 대해 항의를 했고 그걸 들어주지 않아서 공격했다"고 주장하고 나섰다. 범인의 주장은 이치에 맞지 않고 상식의 선에서 벗어나 있다. 그렇다고 해서 이 두 살인사건의 범죄자들이 심신상실, 심신미약과 같이 주변 상황을 합리적으로 판단하지 못해 일어난 범죄라고 볼 수는 없다.

정신적인 문제의 여부를 떠나 자신의 신체와 목숨을 위협할 정도로 극도의 충격적인 자극이 아님에도 이처럼 과도한 공격이나 자극 반응을 하는 사람들은 도대체 어떤 사람들일까. 묻지 마 범죄, 충동 범죄, 우발·무동기 범죄, 증오범죄, 무차별 범죄 등 언론에서는 다양하게 표현하고 있는데 지금 사회에서 일어나고 있는 대부분의 범죄에는 특징이 있다. 소위 일상에서 크게 벗어나지 않는 자극에 너무 과도하고 끔찍한 반응을 한다는 것이다. 그래서 실무적인 측면에서 이 범죄들을 연구하기란 한계가 있다. 이 한계란 형법상에 범죄의 구성요건으로 '묻지 마 범죄'라는 것이 포함되어 있지 않기 때문이다. 어떤 범죄가 발생했을 때는 상대방의 자극에 대해 반응한 폭력범죄, 상해범죄 등 형법상 범죄의 범주 안에서 법률이 적용되고 처벌되기 때문에 일일이 어떤 문제에서 이 사건이 발생했는지 확인하지 않고서는 소위 '묻지 마 범죄'의 범주에 해당이 되는가 그렇지 않은가를 가려내기가 무척 어렵다는 것이다.

현직에 있는 프로파일러들은 몇 년 전, 이에 대한 연구를 시작했고 이 범죄에 대한 정의를 내리기 위해 노력하고 있다. 먼저 표면적으로 나타나는 동기가 존재하는가의 여부로 1차 구분을, 2차적 구분에서는 피해자와 관련이 있는가의 여부, 피해자가 원인을 제공했는가, 아니면 피해자가 범인과 알고 있는 관계인가를 구분해 분류하고 피해자와 어떤 관계나 관련이 있는가의 여부에 대해 구분해 보았다. 하지만 '묻지 마 범죄'를 정확하게 정의할 수 있는 단서들이 많이 부족해 많은 어려움을 겪고 있는 것이 사실이다. 사건이 발생했을 때 어떤 범죄의 유형으로 분류할 것인가의 실무적인 문제, 학계에서의 정의와 같은 문제는 앞으로 더 많이 논의되어야 한다.

그들은 왜 삶을 파괴하는가

어느 날 살인사건이 발생했다. 거리가 조금 떨어진 곳에서 찍힌 CCTV를 확인한 결과 범인은 한 지역의 골목 입구에 자신의 자동차가 쉽게 노출되지 않도록 주차한 후 그곳에 선 채로 약 20분 동안 휴대전화를 꺼내서 바라보기도 하고 담배를 피우는 등 인근에서 서성이는 모습이 찍혔다. 밤이 늦은 시간이었기 때문에 얼굴을 정확하게 확인하기에는 한계가 있었다. 하지만 사건이 발생되기 전 그의 행적을 충분히 볼 수 있었다. 골목 입구에 자동차를 세워놓고 그 자리에 머물렀다는 것은 범행 전의 사실로 밝혀졌다. 그때 반대편에서 버스에서 내린 한 여학생이 버스에 타고 있는 남자 친구에게 손을 흔들면서 횡단보도를 건너오고 있었다. 범인은 골목 입구에서 갑자기 흉기를 꺼내 이 학생을 공격했다.

어떤 원한이나 서로 간에 문제가 없다면 20분이라는 시간을 기다려 귀가하는 한 학생을 끔찍하게 살해할 이유는 없을 것이라는 판단으로 면식범에 대한 수사가 진행됐다. 그렇게 일주일 동안 피해자의 주변 수사를 전개했음에도 범인은 밝혀지지 않았다. 그래서 프로파일러들이 투입되었고 과연 이 범죄를 어떻게 정의하고 수사 방향을 설정할 것인가를 고민하게 되었다.

CCTV에 찍힌 다각도의 장면을 검토해 본 결과 피해자와 가해자가 최초에 마주치는 순간에 서로 아무런 상호작용을 나타내지 않았다는 것을 포착했다. 이것은 가해자와 피해자는 전혀 관계가 없는 사람일 수 있다는 것을 알려주는 것이기도 했다. 그래서 면식범 수사를 즉시 중단하고 다른 방식의 수사 방향을 설정하자는 결정이 내려졌고, 결국 범인은 체포되었다. 그런데 여기에서 예상하지 못했던 문제가 발생했다. 체포된 범인이 밝힌 범행의 이유가 너무나 충격적이었던 것이다. 범인은 "이 학생을 공격해서 살해한다면 기분이 조금 좋아질 것 같아서 범행을 저질렀다"고 말했다. 범인의 이 말에 수사팀은 큰 충격을 받았다. 범인이 정상적인 사고를 할 수 없는 상태의 정신장애라든지, 치명적인 문제를 갖고 있는지에 대해 면밀히 검토했지만 문제는 전혀 드러나지 않았다. 이 사건을 통해 묻지 마 범죄는 정신장애를 가진 사람만이 아니라 누구나 저지를 수 있는 범죄라는 것을 대변하는 사건 중 하나라고 설명할 수 있을 것이다.

이후 수사팀에서 이 범인의 심리는 과연 무엇인가 분석해 달라는 요청을 해왔다. 그에 따라 다시 투입이 된 프로파일러들이 분석한 끝에 결론을 얻어냈다. 이 범인은 수년 전부터 이혼소송을 진행중이었다. 또한 일하던 직장에서는 실적이 없어 해고 위기에 처한 상황이 몇 년째 이어지며 고통을 겪고 있었다. 이렇게 이혼소송과 직장에서의 해고, 이 상황을 스스로 벗어날 수 없다는 무력감이 이어지고 있었다. 불쾌한 외부적 자극들에 대해서 주관적으로 경험하는 비상식적인 고통을 겪고 있는 것이었다. 물론 이 같은 상황이 되면 누구나 고통을 경험하는 심리적 기제를 나타내지만 그렇다고 해서 사람을 공격하지는 않는다. 그렇다면 공격에 이르게 하는 이 기제는 과연 무엇인가에 대해 고민해야 했다. 그리고 수많은 범죄자들을 만나며 공통적으로 나타나는 특징 세 가지를 찾아냈다.

무력감은 왜 분노로 변하는가

범죄자들이 갖고 있는 첫 번째 공통된 사고는 상대적 박탈감을 경험한다는 것이다. 이는 자신이 일반적인 사람들과의 동일선상에 다다르지 못했다고 여기는 감정이다. 이 상대적 박탈감은 우리가 살아가면서 면면이 느낄 수 있는 감정들이기도 하다. 그런데 중요한 것은 상대적 박탈감이라는 감정을 통해서 사회적 배제감을 경험한다는 것이다. 사회학에서는 이 같은 사회적 배제감을 가리켜 자신이 살아가는 사회, 그 사회의 구성원으로서 무엇인가를 할 수 있는 기회가 박탈되었다고 느끼는 감정이라고 설명한다. 자신 또한 이 사회를 살아가는 구성원이지만 다른 사회구성원들과의 상호작용에 참여

할 수 있는 많은 기회를 박탈당하고 있다고 여기는 것이다. 그렇기 때문에 누군가를 공격하더라도 자신은 사회구성원들로부터 단절되어 있다는 생각으로 죄책감을 느끼지 못하는 심리 상태를 드러내게 되는 것이다.

두 번째는 무력감을 통해서 느끼는 분노다. 일반적으로 누군가가 무기력하다, 또는 무력하다는 표현을 할 때는 활동이 현저히 감소되어 있고 무너지는 듯한 감정을 경험하고 있다고 생각할 수 있다. 하지만 사실 어떤 외부적 자극으로 인해 스스로 벗어날 수 없는 상황에서 스스로의 힘으로 헤쳐 나갈 수 없다고 여기는 사람은 외형적으로 무력하게 보일 뿐 마음속에는 타인에 대한 공격성이 증가되고 있다는 것을 의미한다. 이 같은 유형은 무력감으로 인해서 발생되는 왜곡된 분노감이 형성되고 있다는 특징을 가진다.

세 번째는 무력감과 같은 감정들을 통해서 모든 것이 공평하지 않고 공정하지 않다는 생각 때문에 자기 스스로 분노감을 양산하게 된다는 것이다. 무력감으로 인한 분노는 소위 성공하는 사람들은 올바른 방식보다는 편법을 사용하거나 법을 어기며 남을 기만함으로써 얻은 것이라는 허황된 생각들에 빠지게 된다. 노력하고 열심히 살아가는 모든 사회구성원들에 대해 왜곡된 감정을 갖는 경향성이 아주 높게 나타나고 있었다.

무력감과 분노감을 바탕으로 한 공통된 의식들은 상대방을 시기하고 질투하는 현상으로 나타나는데 이는 사실 일반적인 의식과 조금 다른 개념을 갖는다. 질투는 자신이 가지고 있는 어떤 것, 그것을 보호하기 위한 심리적인 기제로 설명한다. 그런데 이 같은 시기의 감정은 자신의 것을 보호하려는 것이 아니라 내가 가지고 있지 못한 것, 가질 수 없다고 생각하는 것을 가진 사람들의 것을 파괴함으로써 자신의 자존감을 찾고자 하는 심리가 작용하는 것이다. 남자 친구에게 손을 흔들며 행복한 표정으로 걸어가는 여학생을 살해했던 범인은 자신이 가질 수 없는 것을 가진 상대방을 파괴함으로써 자신의 자존감을 높이고자 하는 이상심리로 발전해 나간 것이다.

이 같은 이상심리를 대변하는 대표적인 사건이 있다. 출소한 지 얼마 되지 않은 한 남자가 매일 막노동을 하며 열심히 살아가려 노력하지만 뜻대로 되지 않는다는 생각으로 놀이터에서 술을 마시고 있다가, 인근에 있는 옥탑방에서 가족들이 즐겁게 웃으며 TV를 보고 이야기를 나누는 소리를 듣고 무작정 뛰어 올라가 한 가족의 삶을 파괴해 버린 사건이다. 일상의 질서, 행복과 같이 가족이 나누어야 하는 감정을 자신은 가지지 못했기 때문에 그것을 가진 사람들을 파괴함으로써 자신의 자존감이 회복되는 것으로 여기는 이상심리에서 비롯된 것이다. 자신만 불행한 삶을 살 수 없다는 것, 상대방도 자신처럼 고통스러움을 느껴야 한다는 보복심리를 충족시키기 위해 '묻지 마 범죄'라는 형태로 나타나고 있는 것이다.

'묻지 마 범죄'의 유형들

묻지 마 범죄는 두 가지 유형으로 분류할 수 있다. 첫 번째 유형은 어떤 자극이 있을 때 과도하게 반응한다는 것이다. 이 같은 유형은 충동성과 관련이 있는 범죄들이다. 자기 스스로 충동을 조절하지 못해 일어나는 일로, 이를 충동조절장애라고 표현하기도 한다.

충동이라는 감정은 급격하게 분출하는 행위를 저지르고 나면 갑자기 감정이 잦아드는 경우가 있기 때문에 그럴 때는 짧은 시간에 사과를 하거나 피해보상을 하는 등의 결과로 이어지곤 한다. 하지만 문제는 상대방은 이미 피해를 입고 난 이후라는 것이다. 그래서 회복과 보상보다 충동을 얼마나 잘 억제하는가가 중요하다.

무언가를 억제할 수 없는 지경에 이르는 사람들의 기제는 자신이 삶에 큰 영향을 끼치는 좌절을 지속적으로 경험하고 있는데 사소하게 끼어드는 자극에 대해서는 자신의 방식으로 해결하면 될 것이라는, 즉 상대방을 무시하는 감정의 기제에서 비롯된다. 상대방의 존엄성을 무시함으로써 충동이 급격하게 일어나 저질러지는 범죄의 이면에는 결국 자신을 힘들게 하는 좌절들이 해결되지 않거나 스스로 해결하지 못한다고 여기기 때문에 이를 폭력으로 해결하려는 성향으로 나타나는 것이다.

두 번째 유형은 아무 이유 없이 상대방을 공격하는 경우다. 어떤 자극이 없어도 공격을 하는 경우로 이 유형의 충동과 관련된 범죄들은 일회성 범죄들이 많다. 어떤 자극에 일회성 공격을 하고 난 후에는 연속적이거나 연쇄적인 경향성은 많이 나타나지 않는다. 그래서 남성이든 여성이든 이성과의 구분 없이 주어지는 자극에 즉각적인 반응을 하는 형태가 묻지 마 범죄의 1유형이며, 2유형은 그런 자극이 없음에도 공격을 하는 유형이다. 쉽게 설명하자면 여러 가지 누적된 감정을 분출하기 위해 타인을 공격하겠다는 의도를 가지고 누군가를 만나게 되면 공격을 하는 유형이 바로 2유형이다.

두 가지 유형 모두 위험하지만 2유형의 특징은 자신이 처한 여러 가지 문제들, 분노의 감정들을 누군가를 향해서 발산하겠다는 의도를 갖고 있기 때문에 이유 없이 사람들을 공격하게 된다. 그래서 이 유형의 범죄자들은 범죄를 연쇄적으로 일으킬 가능성이 굉장히 높다는 특징이 있다. 약자를 공격하는 경우 또한 더 많이 나타난다. 계속되는 자기감정을 표출해야 하기 때문에 나이가 아주 많거나 어린 사람, 또는 공격에 취약한 여성을 선택하는 방식으로 범죄를 저지르는 경우가 많다. 이런 점에서 2유형이 보다 더 위험하다고 볼 수 있다.

2유형의 전형적인 예로, 지속적으로 술을 마시고 가족에게 폭력을 행사하던 남성이 있었는데 이를 견디다 못한 가족들이 함께 잠적해버리고 말았다. 남성은 술을 마신 상태에서 가족을 찾아 나서기 시작했다. 사실 이 남성은 가족을 찾는 것에 목적이 있는 것이 아니다. 다른 누군가에게라도 분풀이를 해야겠다는 생각이 지배적이었고 지니고 있었던 범행 도구로 지나가는 여성을 공격했다. 자신의 아내와 뒷모습이 닮았다는 이유였다. 이를 통해 알 수 있는 것은 이 같은 범죄자들이 추구하는 것은 결코 갈등과 좌절의 해결이 아니라는 것이다. 자신이 갖지 못한 것을 가진 상대방을 파괴하고자 하는 심리적 기제가 더 크게 작용하고 있다.

묻지 마 범죄의 피해자는 2012년 8월 현재 142,485명으로 집계되고 있다.[♀] 이는 지금 우리 사회를 혼란스럽게 하는 요인 중 하나다. 이런 유형의 범죄야말로 예측이 불가능하며 누가 공격당할지 모르기 때문이다. 피해자가 나와 내 가족이 될 수도 있다는 두려움을 양산하고, 범죄에 대한 두려움은 사회적 활동을 위축하게 만드는 원인이 된다. 이 같은 문제를 해결하기 위해서는 우리가 무엇을 해야 하는가라고 질문하게 된다. 성격장애를 가진 사람들이 사회에서 고립되거나 스스로 고립되는 문제로 나타나는 것과 같이 이 문제 또한 역시 고립에서 비롯된다.

누구나 받는 동일한 자극에 극도로 공격하는 양상은 심리적인 고립이나 물리적인 고립을 통해 주관적으로 경험하는 비이성적인 고통 속에서 살아가고 있는 사람들이라고 볼 수 있다. 이 문제에 대한 본질적인 접근은 범죄를 예방하는 것과 더불어 중형의 처벌이 이루어져야 한다는 것이다. 또한 묻지 마 범죄로 표현되는 유형의 범

♀ 경찰청 공식 홈페이지

죄들이 왜 발생했는지 주변의 상황들을 잘 살펴봄으로써 대처해 나갈 수 있는 논의가 이루어져야 할 것이다.

케이스
1

잠원동 묻지 마 살인사건

2010년 12월 5일 오전 6시 30분쯤, 서울 서초구 잠원동에서 한 시민이 흉기에 찔려 사망한 사건이 발생했다. 피해자는 범인에게 칼에 찔린 뒤 필사적으로 도망쳤지만 범인은 피해자를 뒤쫓으며 계속 칼을 휘둘렀다. 피해자는 피범벅이 된 채로 한 시민에게 발견되어 병원으로 옮겨졌지만 결국 과다출혈로 사망하고 말았다.

범인은 23세의 박○○였다. 경찰은 CCTV를 분석해 피습 직후 뛰어가는 피해자를 쫓아가는 박○○의 옷과 신발 등 인상착의가 담긴 화면을 확보했다. 피해자가 도망치던 중 큰길로 들어서자 가해자는 점퍼에 달린 모자로 얼굴을 가린 후 평소 다니지 않는 길을 택해 집으로 돌아갔다. 이를 토대로 탐문수사 끝에 박○○를 용의자 선상에 올렸다. 경찰은 박○○에게 출석을 요구했으나 이에 응하지 않자 법원에서 체포영장을 발부받아 12월 16일, 박○○를 자택에서 체포했다.

하지만 박○○는 체포 후에도 여전히 범행을 부인했다. 경찰은 평소 외부 활동을 일절 하지 않고 집 안에서만 생활한 점으로 미루어 원한이나 채무 등의 관계없이 묻지 마 살인을 했을 가능성을 염두에 두고 조사를 진행했다. 박○○는 결국 게임에 중독돼 모방범죄를 저질렀다고 자백했다. 새벽에 거리로 나가 가장 처음 만난 사람에게 범행을 저지르겠다고 마음먹었다고 했다. 그리고 부엌에서 식칼을 들고 거리로 뛰쳐나갔고 실제 가장 먼저 눈에 띈 사람을 향해 칼을 휘두른 것이었다.

가족들은 평소와 같이 게임을 하는 박○○를 보고 범행 사실을 전혀 눈치챌 수 없었다고 했다. 경찰 조사 결과 박○○는 강남 8학군의 고등학교를 졸업, 성적이 우수했으나 대학입시에 실패하고 미국의 명문대학 심리학과에 진학했으나 3학년을 다니다 중퇴하고 귀국한 것으로 알려졌다.

유치장에서 박○○를 직접 만난 천주교 서울대교구 경찰사목위원회 선교사는 박○○가 똑똑해 보였으며 "가정은 경제적으로 넉넉했지만 부모는 무관심했고 친구도 별로 없었다"고 들었다고 전했다.[♀]

박○○는 고등학교 시절 전교 10등 안에 들 만큼 성적이 우수한 학생이었지만 원하던 대학에 합격하지 못해 미국으로 유학을 갔고 중퇴 후 귀국한 뒤에는 별다른 직업을 갖지 않고 칼싸움을 소재로 한 격투 게임에 빠져 하루에 6시간가량 게임에만 몰두했으며 담배를 구

♀ 윤다정 기자, '잠원동 묻지 마 살인 가해자 주변에는 사랑이 없었다', 뉴스1, 2016. 2. 20.

입하러 외출하는 일 외에는 하루 종일 방에서 생활했다고 알려졌다.

박○○는 같은 해 12월 21일에 진행된 현장검증에서 "(사람을) 죽이고 난 뒤 오히려 마음이 편해졌다"고 말하는 등 반성의 기색은 전혀 찾아볼 수 없었다. 또한 태연한 표정으로 범행을 재연했으며 "피해자가 도망가지 않았다면 몇 번이고 더 찔렀을 것" "어차피 내가 저지른 범죄인데 현장검증 과정이 왜 필요한지 모르겠다"고 말했다.

현장검증은 애초 12월 20일에 진행할 예정이었으나 주민들의 불안감이 커질 것을 우려해 하루 늦췄고 비공개로 진행했다. 현장검증을 지켜본 한 경찰관은 "범인이 잔인한 범행을 저지르고도 피해자에게 미안해하는 기색이 전혀 없어 놀랐다"며, "조기에 검거하지 못했더라면 연쇄살인도 충분히 가능했을 것"이라고 말했다.♀

범죄자의 특성

대검찰청 범죄분석에 따르면 2001년부터 2007년까지 40건 안팎이던 현실불만형 살인이 2008년 74건, 2009년 80건, 2010년 70건으로 점진적으로 늘었다. 방화 사건도 2003년 157건을 기록한 뒤 감소세로 돌아섰으나 2008년 208건, 2009년 196건으로 다

♀ 김지현 기자, '잠원동 살해범 현장검증… 반성 없는 막말에 경찰도 아연', 동아일보, 2010. 12. 22.

시 늘고 있다.

일부 전문가들은 현실에 대한 불만으로 발생하는 묻지 마 범죄는 사회 전체적인 노력이 수반되어야 막을 수 있다고 지적한다. 탈출구를 찾다가 불특정 다수에게 해를 가하는 방법을 선택하게 된다고도 설명한다. 장기적으로는 사회적 불평등을 해소하는 것이 중요하며 단기적으로는 불만을 가진 사람들에 대한 관리 대책이 필요하다는 목소리도 높다. 현실 불만에 따른 묻지 마 사건은 불평등한 사회 시스템이 개선되지 않는 한 해결 방법이 묘연하다고 설명하기도 한다.[♀]

한 사회심리학자는 대인관계와 직업에서 실패와 좌절을 맛보며 사회 부적응으로 이어진 스트레스, 현실에 대한 불만이 순간적으로 한꺼번에 폭발한 것이라며 일상적인 부적응 문제를 겪는 사람이 늘고 있어 묻지 마 범행이 끊이지 않을 것이라고 설명했다. 학력이 낮고 주거나 직업이 일정하지 않아 무시와 냉대를 받으며 쌓인 좌절감이나 피해의식을 해소하지 못하고 억제해 오다 감정이 폭발해 충격적인 범죄를 일으킨다는 것이다.

하지만 이 사건의 경우는 범죄자가 고학력자이고 가정생활에도 크게 문제가 없었다는 점에서 자신의 처지에 대한 비관과 좌절, 소외가 사회에 대한 불만으로 증폭되었을 가능성이 큰 것으로 판단한

♀ 오현태 기자, '삐뚤어진 탈출구, 묻지 마 범죄', 세계일보, 2012. 5. 29.

다. 박○○는 미국에서 대학을 다니던 중 유학 생활의 외로움 때문에 공부에 전념할 수 없었다고 한다. 할머니가 뒷바라지를 하러 미국으로 건너갔지만 생활에 적응하지 못하고 결국 3학년 때 귀국했다. 고등학교 시절에도 내성적인 성격이었던 데다 오랜 유학 생활로 인간관계가 끊겨버려 귀국 후 1년 반 가까이 철저히 외톨이로 지냈다. 담배를 사러 갈 때를 제외하면 집 밖으로 나가지 않아 경찰이 탐문수사를 벌일 당시 CCTV에 찍힌 박○○를 알아보는 이웃이 아무도 없었다. 휴대전화를 사용하지도 않았고 컴퓨터 게임만이 삶의 낙이었다. 경찰이 박○○를 체포하러 자택에 갔을 때 이불만 깔려 있는 휑한 방 안에서 아무것도 하지 않고 가만히 앉아 있었던 것으로 전해졌다. 경찰서에서 줄곧 입을 다물고 있다가 수사관에게 던진 한마디는 "공부만 하다 보니 이런 일이 벌어진 것 같다"였다. 조사를 받는 중에도 "몇 년 전으로 돌아가고 싶다"고 했다. 박○○의 방에서는 각종 기하학적인 문양과 게임 아이템을 손수 그린 노트 한 권이 발견됐다. 경찰에 따르면 "범행 후 집으로 돌아가서 흉기를 씻은 후 원래 자리에 두고 방에 가만히 웅크리고 있었다"고 진술한 것으로 알려졌다. "유학 시절 F학점을 받은 후 좋아하던 공부마저 흥미를 잃으면서 특이한 정신세계를 갖게 된 것 같다"고 말하기도 했다.[♀]

♀ 김계연 기자, '미 유학 살인범, 공부만 하다 이런 일 생겼다', 연합뉴스, 2010. 12. 17.

사건 결과

12월 30일, 서울중앙지검 형사3부는 박○○를 충남 공주 치료감호소로 보내 정신감정을 의뢰했다. 구속된 이후에도 범행을 뉘우치지 않고 오히려 자신의 범행을 미화하는 등 비상식적인 진술을 이어가고 있어 정신상태를 확인하기로 했다고 설명했다.♀

재판 결과 박○○는 징역 25년형을 선고받았다. 이에 피해자의 유족은 부당한 판결이라 오열했으며 검찰 또한 이에 항소했다. 그리고 박○○의 변호인은 "피고인에게 선고된 형량이 너무 무거워 부당하다"며 항소장을 제출했다. 하지만 모두 기각되었고 징역 25년형이 확정됐다.

♀ 배혜림 기자, '잠원동 살인사건 피의자 정신감정 의뢰', 머니투데이, 2010. 12. 30.

케이스
2

논현동 묻지 마 방화 살인사건

2008년 10월 20일 오전 8시쯤, 서울 강남의 한 고시원 3층에서 불길이 솟아올랐다. 4층 건물 중 3층과 4층에 위치한 고시원의 투숙자들은 "불이야!"라는 외침과 연기에 놀라 앞다퉈 방을 빠져나가기 시작했다. 이 고시원에는 총 69명의 투숙자가 생활하고 있었으며 투숙자 대부분은 인근에 위치한 시장과 식당에서 일하는 중국 동포로 새벽에 퇴근해 잠들어 있는 시간이었다. 하지만 사건은 그 다음부터 발생했다. 화재를 피하기 위해 투숙객들이 방을 빠져나오자 검은색 상하의를 입고 모자를 착용한 한 남성이 흉기를 휘두르기 시작했다. 이어서 4층으로 올라가 투숙자 5명가량을 또다시 공격했다.

이 사건으로 고시원에 투숙 중이던 13명이 범인이 휘두른 흉기에 찔렸고 6명이 목숨을 잃고 7명이 중상을 입었다. 조사 결과 사망자 중 1명은 불길과 범인의 흉기를 피하기 위해 창문 밖으로 뛰어내

렸다가 추락사한 것으로 밝혀졌다.♡

경찰은 고시원 측의 신고를 받고 출동해 범행 후 4층 창고에 숨어 있던 범인을 붙잡았다. 범인은 이 고시원에서 생활하는 31세의 정○○였다. 경찰에 따르면 정○○는 흉기 3점과 가스총을 소지하고 있었으며 "세상이 나를 무시한다. 살기가 싫다"고 진술한 것으로 알려졌다. 정○○는 고시원 3층, 자신이 거주하던 방에 라이터 기름을 끼얹고 불을 지른 후 대피하는 투숙객들을 칼로 공격했다.

화재가 발생하자 가장 먼저 112와 119에 곧바로 신고했던 목격자는 화재경보기가 울린 후 문을 여니 연기가 보였고 시커먼 옷을 입고 마스크를 착용한 사람이 흉기를 들고 다가오는 모습이 보여 방으로 몸을 숨겼는데 옆방으로 가 잠을 자던 투숙객들을 찔렀다고 진술했다.♡♡

경찰 조사에 따르면 정○○는 생활이 어려워 금전적으로 상당히 많은 압박을 받아왔으며, 고시원비는 한 달에 20~25만 원이지만 할인을 받아 월 17만 원 정도에 거주하고 있었고 이마저도 고시원비는 1개월이, 휴대전화 요금은 2개월이 밀린 상황이었다. 정○○는 중학교 시절 자살을 시도했던 경험이 있으며 이후 한 달에 한 번 간격으로 심한 두통을 앓아왔는데 범행을 저지른 날이 그런 시기라고

♡ 장재은 기자, '고시원 참사 시간대별 재구성', 연합뉴스, 2008. 10. 20.

♡♡ 정진수 기자, '첫 신고자 "고시원에 흉기 안 뒀다"…계획범죄?', 세계일보, 2008. 10. 20.

진술했다. 예비군 훈련 불이행으로 인한 향군법 위반 등으로 조사가 임박했던 것으로도 알려졌는데 실제 향군법과 병역법 위반으로 수배 중이었다.

정○○는 범행 당시 검은색 상의와 검은색 카고바지를 입었으며, 검은색 털모자와 고글을 착용하고 권총 모양의 라이터를 들고 있었다. 특이한 것은 머리에 쓰는 등산용 플래시를 소지하고 있었다는 것이다. 연기로 자욱한 어두운 복도에서 피해자들을 보기 위한 것으로 추측됐다.

28cm 길이의 회칼과 과도 2점, 가스총을 소지한 것으로 드러났는데 가스총은 소지만 하고 있었고 양쪽 다리에 과도를 착용하고 있었다. 가스총은 2004년, 과도는 2005년 구입한 것으로 경찰에 따르면 당시에도 세상을 비관해 '혼자 죽을까, 다른 사람들과 같이 죽을까' 하는 생각을 했던 것 같다고 전했다. 하지만 범행 후 자살 시도는 없었다.[♢]

범죄자의 특성

4남 1녀 중 막내로 태어나 경남 합천에 소재한 고등학교를 졸업

♢ 나경수 기자, '김갑수 강남서 형사과장 일문일답', 뉴시스, 2008. 10. 20.

한 정○○는 주변인의 이야기에 따르면 평범한 사람으로 단지 논쟁을 좋아했던 사람으로 기억하고 있었다. 말이 많고 남의 일에 참견하기를 좋아하는 활달한 성격으로 전하기도 했다. 범행 전날 밤 9시까지 정○○와 대화를 나눴다는 한 동료는 이날 로또 복권이 발표된 후 "로또 번호가 마음에 들지 않는다"는 말을 들었다고 했다. 정○○를 알고 지낸 지 5~6년 정도 됐지만 술이나 담배, 도박 같은 것은 못하는 평범한 사람이었다고 이야기했다. 이 동료 또한 정○○는 사람들이 이야기하는 중에 끼어들기를 좋아하고 가끔 말을 속사포처럼 쏟아내기도 하는 등 굉장히 외향적인 성격으로 '종달새' '달새'라는 별명으로 불렸다고 했다.

고시원에서 총무로 일하던 직원은 정○○ 방에는 '뽑기' 상품이 수북했다고 전했다. 직원은 정○○의 방 안을 본 유일한 사람이었다. 정○○는 그 누구에게도 방을 보여주지 않았으며 소방점검 때도 방 공개를 거부했다고 한다. 최근 소방점검 시 잠긴 문을 따고 방을 몰래 들어갔는데 방 안을 보고 10초 동안 아무 말도 할 수 없었다고 했다. 방 뒤쪽에는 비교적 큰 인형 수십 개가 쌓여 있었고 매트리스 옆에는 같은 종류의 외계인 인형들이 오와 열을 맞춰 색깔별로 정돈돼 있었다는 것이다. 방 한쪽에는 매트리스 높이만큼 두루마리 휴지, 사각 휴지, 쓰레기 등이 그대로 쌓여 있었다고 설명했다. 나중에 점검 때문에 할 수 없이 방을 열고 들어갔다고 얘기하자 자신의 치부가 드러난 것처럼 생각하는 것 같았고 그 뒤로 자신을 미워한 것 같다고 했다.

고시원 직원에 의하면 "정○○는 뽑기에 미쳐 있었다. 어떤 날에는 비가 오는데도 밖에서 3시간 동안 인형을 뽑고 있기도 했다. 뽑기를 통해 얻은 헬리콥터가 있었는데 그걸 얻으려고 20만 원을 들이기도 했다. 자신이 일하는 업소의 사장에게 가서 20만 원을 들여서 뽑은 것이라고 자랑하고 헐값에 되팔았다고 한다"고 전했다.[♀]

정○○는 5년 전 이 고시원에 투숙하기 시작했으며 고시원 주변 식당에서 주차 요원으로 일하다 식당이 문을 닫자 한 분식집에서 음식 배달을 시작한 지 한 달 남짓된 상황이었다. 생활고에 시달리던 정○○는 가끔 누나에게 생활비를 받아 밀린 고시원 숙박비를 지불한 것으로 알려졌다. 경찰에서도 "향토예비군법 위반으로 부과받은 벌금이 150만 원이나 있고 고시원비, 휴대전화 요금 등을 내지 못해 속상해 살기 싫어 이 같은 범행을 저질렀다"고 진술한 것으로 알려졌다.

사건 결과

2008년 10월 22일 정○○는 살인 혐의 등으로 구속됐다. 영장전담판사는 "범죄 사실의 소명이 있고 증거인멸 및 도주 우려가 있

♀ 한상균 기자, '고시원 총무의 증언 "공포에 발도 떼지 못했다', 연합뉴스. 2008. 10. 21.

다"며 영장을 발부했다. 영장심사는 오후 3시부터 판사의 심리로 비공개로 열렸으며 정○○가 모든 혐의를 인정함에 따라 20여 분 만에 끝났다. 정○○는 영장심사에서 혐의를 시인하며 거듭 "잘못했다. 반성하고 있다"고 말했다. 그러나 "2005년에 회칼 등을 사서 살인을 준비했지만 차일피일 미루다 실행에 옮기지 못했고 한때는 자살도 생각했지만 그마저도 못했다"고 밝혀 충격을 안겼다. 범행 동기에 대해서는 "밀린 고시원비와 휴대폰 요금, 벌금 등을 낼 돈이 없어 '이렇게 살면 뭐 하냐'는 생각에 범행하게 됐다"고 털어놓았다.♡

서울 강남경찰서는 검찰에 송치하기에 앞서 정신감정을 의뢰했다. 그리고 12월 3일 정○○가 사물을 변별할 능력이 있는 상태에서 범행했다는 결과가 나왔다. 서울 강남경찰서는 "10월 말부터 한 달간 정 씨의 정신을 감정한 국립법무병원이 범행 내용과 특성을 알고 의도적으로 실행했고, 오랫동안 계획했다는 점에 비춰 사물 변별 능력이나 의사 결정 능력이 있는 상태에서 범행한 것으로 판단된다는 종합소견을 냈다"고 밝혔다. 또한 법무법원은 "정 씨가 2년 이상 만성적인 우울증을 갖고 있었으나 일종의 신경증일 뿐 현실감은 있는 상태였다"고 진단했으며 경찰은 정○○의 형사책임 능력이 정상이라는 진단 결과를 토대로 조사를 마무리하고 사건을 검찰에 송치했다.♡♡

♡ 송주희 기자, '고시원 살인' 정모 씨 구속', 서울경제, 2008. 10. 22.

♡♡ 200자 뉴스, '고시원 방화범 변별력 정상', 경향신문, 2008. 12. 3.

2009년 4월 22일 서울중앙지검은 현주건조물방화치사와 살인 등의 혐의로 정○○에게 사형을 구형했다. 그리고 이어 5월 12일에 열린 1심에서 서울중앙지법정 형사합의21부는 고시원에 불을 질러 6명을 숨지게 한 혐의로 정○○에게 사형을 선고했다. 재판부는 "고시원에 들어간 후 수년간 흉기를 사들이는 등 치밀한 계획하에 범행했고 대피하는 사람들에게 흉기를 무차별적으로 휘둘러 숨지거나 다치게 한 것은 같은 사람으로서 상상하기 어려울 정도의 잔혹한 범죄"라고 밝혔다. 또 "피고인이 뉘우치고 있다지만 진정한 참회에서 비롯됐다고 인정하기 어렵고 재범 가능성이 높으며 교화의 가능성이 없다고까지 판단된다"고 덧붙였다. 범인 정○○는 항소하지 않아 사형이 확정되었다.

케이스
3

수락산 살인사건

2016년 5월 29일 인적이 드문 새벽 시간, 수락산 등산로 초입에서 60대 여성이 흉기에 찔려 숨지는 사건이 발생했다. 한 등산객의 신고로 경찰과 소방당국이 출동했지만 피해자는 이미 숨진 상태였다. 경찰은 누가, 왜 이런 범죄를 저질렀는지 즉시 용의자를 찾는데 주력했지만 용의자를 특정조차 하지 못하고 있었고 사건전담반이 꾸려지고 있는 상황이었다. 그리고 사건 당일 오후 6시 30분쯤, 서울 노원경찰서로 찾아온 한 남성이 "내가 사람을 죽였다"며 자수했다. 이 남성은 61세의 김○○로 살인 전과로 복역 후 최근 출소했으며 피해 여성과는 모르는 사이라고 진술했다. 경찰은 김○○의 진술을 토대로 사건 현장으로 데려가 범행 동선을 확인했다. 오후 8시 5분쯤, 경찰은 김○○가 범행 후 흉기를 버렸다고 진술한 인근 주택가 쓰레기 더미에서 혈흔이 묻은 15cm의 과도를 발견하고 혈흔이 묻은 점퍼도 확보했다.

범죄자의 특성

강도 살인사건으로 수감되어 15년형을 받고 2016년 1월 19일에 출소한 김○○는 경찰 조사에서 출소 이후 생계를 꾸리기 어려워지자 누구든 살해할 마음을 품고 범행 하루 전 수락산에 올라가서 밤을 지새웠다며 묻지 마 형태의 범행을 하려고 했었다고 진술했다.

김○○는 수락산이 위치한 상계동에 연고가 없었지만 이 지역에서 공공근로를 하며 범행 현장 주변에 지리감이 있다는 것이 이 장소를 선택한 이유였다. 김○○는 자수 이유에 대해 "나는 이제 세상에서 도와줄 사람이 없다. 돈도 떨어졌고 인생 포기하는 마음에서 자수한다"고 밝혔다. 또한 애초부터 사람을 죽이기 위해 흉기를 구입했으며 제일 먼저 눈에 띄는 사람을 살해했고, 2명 정도 더 죽이려 했는데 안 돼서 멈췄다고 말하기도 했다. 전날 밤에 산에 올라간 사실 또한 사람이 많이 다니는 길을 파악하고 있었기 때문이라고 진술했다. 그리고 은신하던 중에 피해자가 가장 먼저 올라왔다는 것이 살인의 이유였다.

검찰로 넘겨지기 전, 돈 때문에 살인을 저질렀냐는 취재진의 질문에는 "아니다. 짜증이 나서, 화가 나서"라고 대답했고, 무엇 때문에 화가 났느냐는 질문에는 "사는 게 힘들고 어려워서"라고 답했다. 그리고 경찰 조사에서는 "배가 고파서 밥이라도 사 먹으려고 피해자를 가로막고 돈을 내놓으라고 위협했는데 피해자가 소리를 지르며 반항해 살해했다"고 진술했는데 다음 날인 6월 10일에 이루어진 현장검증에서 취재진이 "돈 때문에 이런 짓을 한 거냐"라 물었을 때는 "잘 모르겠다"며 답변을 회피하기도 했고, "주머니를 뒤졌지만 나오는 건 없었다"고 말했다. 범행 동기에 대해서도 할 말이 없다고 했다.♡ 담담한 표정으로 일관하면서도 피해자와 가족에게 죄송하다고 말했고, 시종일관 무표정으로 범행을 재연했다. 2명을 더 살해하려고 한 것이 사실이냐는 질문에는 "홧김에 한 말"이라고 답했다. 범행 현장에 도착하기 전 김○○는 약수터에서 잠시 머물렀는데 이곳은 범행 후 혈흔을 지운 장소였다.

김○○는 1997년, 알코올의존증으로 5번가량 입원 치료를 받은 기록이 있으며, 범행 며칠 전인 5월 12일, 안산의 정신과의원에서 조현병 진단을 받고 약을 처방받은 것으로 알려졌다.

사건 결과

2016년 9월 9일, 1심 서울북부지법 형사13부 재판과정에서 검찰은 김○○에게 사형을 구형했다. 검찰은 "자백과 자수 정황을 참

♡ YTN 뉴스, '수락산 살인사건 현장검증…김○○ 피해자에 죄송'. 2016. 6. 3.

작하더라도 면식 없는 피해자를 계획적으로 살해했고 수법 또한 잔혹하다"며 사형 구형 사유를 밝혔다. 김○○ 측 변호인은 "수사에 진지한 자세로 임했고 심신미약은 아니지만 알코올의존증을 앓았으며 경기도 안산의 병원에서도 편집 조현병으로 진료를 받은 바 있다"며 "감정 결과도 이를 지지하며 이에 따른 환청과 망상 증세가 있었다는 점을 참작해 달라"라고 변론했다.

2016년 10월 7일, 1심 선고공판에서 김○○는 무기징역을 선고받았다. 재판부는 "범행 당시 능력이 비교적 건재했던 점, 수사를 받는 과정에서 조현병 및 환청에 대한 진술을 하지 않았고 범행 정황을 자세히 설명했던 점 등을 비춰보면 심신이 미약했다고 보기 어렵다"며 조현병과 범행 사이의 연관성을 부인했다.[♀]

♀ 강인식 기자, '수락산 등산객 묻지 마 살해범 김○○에 무기징역 선고', 위클리오늘, 2016. 10. 7.

케이스 4

제주 성당 묻지 마 살인사건

2016년 9월 17일 오전 8시 46분쯤, 제주 시내 한 성당에서 혼자 기도를 하고 있던 여성이 수차례 흉기에 찔린 사건이 발생했다. 중태에 빠진 여성은 사건 발생 직후 병원으로 긴급 후송되어 수술을 받았지만 다음 날 오전, 다발성 자창으로 인한 과다출혈로 숨을 거두고 말았다.

범인은 50세 중국인 첸○○로 범행 직후 서귀포 시내로 도주했다. 범행 7시간만인 17일 오후 3시 51분쯤 폐쇄회로CCTV 관제센터 직원의 신고를 받고 출동한 경찰에 의해 체포됐다. 경찰조사 결과 9월 13일 관광을 목적으로 무비자로 혼자 제주에 들어온 첸○○는 9월 22일 출국할 예정이었으며 희생당한 여성과는 일면식도 없는 관계인 것으로 밝혀졌다. 첸○○는 경찰조사에서 "부인이 2명 있었는데 모두 바람이 나서 달아나 여자에 대한 원한이 깊었는데 아침에 숙소 부근에 있던 성당에 찾아갔다가 혼자 기도를 하는 여성을 보니 자신의 전부인이 떠올라 화가 나 범행을 저질렀다"고 진술한 것으로 전해졌다. 수사 결과에 따르면 첸○○는 사건 발생 전날부터 해당 성당을 여러 차례 답사한 것으로 밝혀졌다. 하지만 다음 날 경찰 관계자에 따르면 "흉기를 들고 회개하려고 성당에 갔다는 점 등 앞뒤가 맞지 않는 진술이 많아 정확한 범행 동기에 대해 추가 수사를 하고 있다"고 했다.[♀]

사건 분석

첸○○는 경찰조사를 받는 과정에서 일부 망상장애 증상을 보였으며, 추가 조사 과정에서는 "누군가 내 머리에 칩을 심어 조종을 하는데 그 고통을 없애기 위해 범행을 저질렀다"며 횡설수설한 것으로 알려졌다. 또한 "여성을 숨지게 하려는 의도가 아니라 그저 다치게 하기 위해 범행을 저질렀다"고 말하기도 했으며, 범행 대상을 물색할 때는 너무 어린 여성이나 저항의 우려가 있는 남성은 제외하고 20대 이상의 여성을 노렸다고 진술한 것으로 알려졌다.

경찰은 이에 대해 프로파일러를 투입해 면담 조사를 실시한 결과 망상장애에 의한 비합리적인 사고가 범행 계획에 영향을 줬을 가

♀ MBN 뉴스센터, '제주 성당 묻지 마 피습…중국인 피의자 살인 혐의 영장', 2016. 9. 18.

능성도 있다고 보았지만 한편으로 계획적 범행을 은폐하고 형을 감경받기 위해 이 같은 행동을 하고 있을 가능성에 대해서도 배제하지 않고 있다고 밝혔다. 경찰은 이와 관련해 중국에 거주하는 첸○○의 동생에게 전화로 확인한 결과 첸○○는 극심한 스트레스를 받으면 '머리에 칩을 심어 조종한다'는 등의 이상한 말을 하기도 하지만 정신과 치료를 받거나 약을 복용하지는 않는다는 답변을 받았다고 밝혔다.

첸○○가 동생의 전화번호와 주소 등을 정확히 기억하고 있는 점, 망상 증상은 있으나 조현병 증상은 없는 것으로 보인다는 프로파일러의 의견을 종합했을 때 경찰은 현재 조현병은 없는 것으로 판단했다. 이에 따라 경찰은 첸○○가 범행을 이틀 앞두고 제주 시내 마트에서 범행 도구를 구입하고 사전에 현장을 두 차례에 걸쳐 다녀간 점 등에 비춰보면 형을 감경받기 위한 가능성에 무게를 뒀다. 첸○○는 피해자와 그 유가족에게 "미안하다는 말조차 하지 못할 정도로 미안하다"는 반응을 보이기도 했으며, 피해자가 사망했다는 말을 들었을 때는 눈물을 흘린 것으로 전해졌다.♀

경찰은 추가 조사 결과 첸○○는 범행 전날 다른 종교 시설도 들렀던 것으로 드러났다. 범행 장소인 성당을 두 차례 방문한 후 같은 날 성당과 1㎞ 이내에 위치해 있는 교회에도 갔다는 사실을 확인했

♀ 홍창빈 기자, '경찰, 성당 살인 중국인 얼굴 공개 결정…망상장애 증상 조사', 헤드라인제주, 2016. 9. 22.

다. 종교 시설에 간 이유에 대해서는 전부인 2명이 독실한 불교 신자여서 이와 다른 종교를 택하게 됐다고 진술한 것으로 알려졌다.[♀] 이후 진행된 검찰 조사에서는 "타국의 감옥에 수감돼 중국으로 돌아가지 않기 위해 범행을 저질렀다"고 진술했고, 이를 토대로 검찰은 첸○○가 두 번의 결혼생활 파탄과 생계 유지 곤란 등 생활이 어려운 상황에서 현실에 대한 불만과 이탈 욕구가 범행 동기가 됐던 것으로 판단하고 살인 혐의로 구속 기소했다.[♀♀]

사건 결과

9월 22일, 제주지방경찰청은 첸○○의 신상을 공개하기로 했다. 그리고 오후 1시 30분 현장 검증을 위해 사건 현장을 찾은 첸○○의 얼굴이 언론을 통해 공개됐다. 모자를 쓴 채 나타난 첸○○는 시종일관 고개를 떳떳이 들고 있어 현장에 있던 시민들의 분노와 원성을 샀다.

2017년 2월 16일, 제주지법 제2형사부는 첸○○에 대해 징역 25년을 선고했다. 재판부는 "범행에 앞서 이틀간 집요하게 사전답

♀ 문준영 기자, '제주 '묻지 마 살인' 성당 흉기 습격 중국인 구속' 제주CBS, 2016. 9. 19.

♀♀ 오미란 기자, '中관광객, 성당 기도 여성 묻지 마 살해', 뉴스1, 2016. 12. 27.

사까지 하며 계획적이고 치밀한 면모를 보인 데다 진지한 반성이 없고 사과의 뜻도 보이지 않는다"고 이같이 판시했다.[♡]

2017년 4월 26일, 광주고법 제주부 제1형사부는 첸○○에게 징역 25년형을 내린 원심을 뒤집고 징역 30년형을 선고했다. 재판부는 "이 사건은 불특정 피해자를 대상으로 한 무작위 살인사건으로 범행의 수법 또한 매우 잔혹하고 계획적"이라며 "피고인이 반성하는 빛을 보이지 않고 유족들도 엄벌에 처해달라는 의사표시를 했다"고 설명했다. 또한 "범행의 동기와 경위, 수단, 결과 등을 종합해 보면 망상장애 등 심신미약 상태에서 범행을 저질렀다 하더라도 원심은 너무 가벼워 부당하다"고 판시했다.[♡♡]

♡ 최승균 기자, '제주도 성당서 묻지 마 살해…50대 중국인 징역 25년 선고', 매일경제, 2017. 2. 16.

♡♡ 이진원 기자, '제주도 성당서 묻지 마 살인 중국인, 2심서 징역 30년형', 시민일보, 2017. 4. 26.

PROFILING CASE STUDY

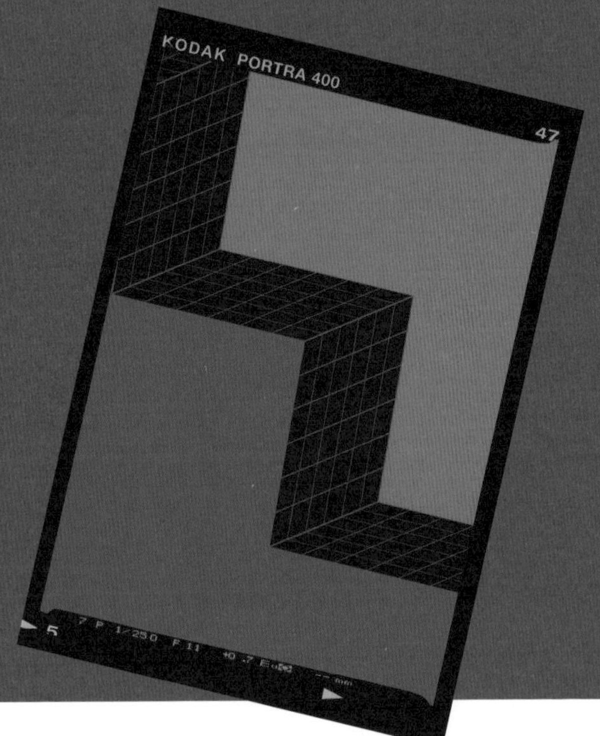

정신장애 범죄

5

정신장애와 범죄는 연관이 있는가

우리는 삶의 과정 속에서 개인적으로 경험하는 문제들을 통해 고통을 받기도 하고 편안함을 느끼기도 한다. 이는 누구나 겪는 상황이며 감정이다. 정신장애로 인한 범죄가 발생할 때면 범죄자의 이해하기 힘든 행동이나 항변을 보고 의아해하다가도 혹여 자기 자신에게도 발견하지 못한 문제가 있는 것이 아닐까 하는 의심을 품는 사람이 있다. 하지만 성격장애의 경우 주관적으로 경험하는 고통이 일반 사람들과는 다르다. 가끔은 나 자신에게도 이런 장애가 있지 않은지 의심하는 것은 굉장히 위험한 일이다. 나 자신에게 장애가 있는 것 같다는 생각은 자신도 모르는 사이에 장애가 있는 사람들처럼 행동을 하게 되는 경향성을 나타낼 수 있다. 그래서 주변인들에게 너는 강박적이라든지, 편집적 성향을 가졌다고 표현하는 것은 굉장히 위험한 일이 될 수 있다. 그 문제로 인해 대인관계를 포함한 사회생활에 큰 지장을 받지 않는다면 이것은 경향성일 뿐 장애라는 인식은 부적절하다.

성격장애란 한 개인이 지닌 지속적이고 일정한 행동 양상이 현실적응이나 사회적 관계에서 기능장애를 초래하는 이상성격으로 정의된다. 조현병이 뇌질환이나 어떤 신경전달물질이 뇌에 직접적인 영향을 끼쳐 발생한 장애라면 성격장애는 심리적인 부분이나 행동적인 측면에서의 문제를 야기하는 장애를 말한다. 성격장애는 세 개의 집단으로 분류하고 있다. 먼저 A집단의 경우는 편집성, 분열성, 분열형이라는 성격장애가 대표적인 장애들이다. 이 집단의 대표적인 특징은 다른 사람들과 생각하는 사고의 방식이 굉장히 동떨어져 있다는 것이다. 특히 남들이 늘 나를 무시하거나 위해를 가하려고 한다는 편집증적인 사고(思考)는 타인과의 상호작용에서 때때로 위협적으로 표현될 수 있다.

길을 가다가 무심코 자신과 눈이 마주친 사람이 자신을 무시하는 느낌을 받았다는 이유로 무차별 폭행을 가하는 묻지 마 범죄 유형에 해당된다. 그런데 여기에서 중요하게 받아들여야 할 점이 있다. 조현병과 달리 성격장애는 특별한 증상의 망상이 개입되지 않는 한 환청이나 환시와 같은 증상이 나타나지는 않는다.

B집단의 경우에는 감정이 극적으로 변하는 특성을 가지고 있다. 반사회성 성격장애와 경계성 성격장애가 대표적이다. 반사회성 성격장애를 가진 사람들은 자신의 행위로 인해 주변 사람들이 불편을 겪는 것에 대해 전혀 고려하지 않는다. 나쁜 행위를 하는 것이 아니라 자신의 주관대로 살아가기 때문에 주변 사람들이 불편해할 거라는 생각을 무시하곤 한다. 그리고 타인은 이 같은 사람을 사회적이지 않다고 표현한다. 그래서 반사회적 성격장애를 안티소셜 퍼스널리티(Antisocial Personality)라고 지칭한다. 조직폭력배와 같이 집단을 이루어 사람들에게 해를 끼치는 범죄자들의 군에서 이 반사회적 성격이 많이 나타난다.

경계성 성격장애는 감정이 무척 극단적으로 변하기 때문에 가늠하기 어렵다는 문제를 지니고 있다. 예를 들어 주변 사람 중 평상시에는 굉장히 친절하게 잘 대해주었지만 큰 자극이 없었음에도 불구하고 어느 날 갑자기 나를 굉장히 비난하는 것이다.

이 같은 상황이 반복되다 보면 저 사람이 과연 나를 좋아하는 것인지, 싫어하는데 좋아하는 척을 하는 것인지 오해하게 된다. 또한 갑작스럽게 화가 나서 자해를 한다든지, 다른 사람들의 관심을 끌기 위해서 아주 극단적인 행동을 할 것처럼 표현하는 행위처럼 감정이 극단적으로 변화되는 특성이 경계성 성격장애에서 나타나기도 한다.

일반화할 수 없지만 연쇄살인사건의 범죄자들은 이 경계성 성격장애의 경향성을 많이 내포하고 있었다. 향후 이 부분이 얼마나 연관성이 있는지는 연구가 더 필요할 것으로 보인다.

이 성격의 특성은 갑작스럽게 폭음을 하거나 자동차로 폭주를 하는 등 무모한 행동을 하기도 하고 만성적으로 어떤 이유 없이 공허함을 느끼는 등의 감정을 경험하기도 한다. 실제 유영철과 면담을 할 때 "나는 너무 외로워서 정말 시신이라도 내 옆에 누워 있었으면 좋겠다"는 말을 했다. 그의 입장에서는 자신이 정말 공허하고 외로웠다는 표현이었을 수도 있다. 그러나 이런 표현은 분명히 정상적인 외로움의 표현이 아니다. 이 같이 끔찍한 표현을 할 만큼 공허감과 외로움의 감정을 느끼다가도 또 어느 순간에는 사소한 자극만으로도 상당히 큰 행복감을 느끼는 비정상적인 사고의 전개 과정이 일어나기 때문에 성격장애가 있는 사람들은 이와 같은 문제로 인해 사회와 단절되는 결과를 나타내는 일이 빈번하다. 또한 성격장애를 가진 사람들은 스스로 그 증상을 개선하거나 고치려고 하지 않고 사회와 단절하고 살아가기 때문에 고립되는 특징을 나타낸다.

C집단은 강박성, 회피성 등이 대표적이다. 이 증상을 일으키는 원인은 두려움과 공포에서 비롯되는 경우가 많다. 강박적으로 지나치게 청결을 유지한다든지, 정리정돈을 할 때에도 자신의 기준에서 벗어나는 것을 불편해한다. 이것은 불안함에서 기인한 것으로 결국 자신의 불안을 해소하기 위한 행동이다.

분명한 것은 정신장애와 범죄는 직접적인 관련은 없다. 즉, 정신장애 자체가 범죄의 원인이 되는 것이 아니라 그러한 성격 특성이 다양한 사회적 활동에서 어려움을 겪기 때문에 범죄가 동기화 되는 과정에 어느 정도 영향을 줄 수 있다고 본다. 예를 들면, 회피성 성격장애의 경우에는 사람들과 상호작용을 하며 무언가를 제안했을 때 거절로 돌아오는 것을 굉장히 두려워하는 성향이다. 가볍게 거절을 당하는 상황조차 힘들어하기 때문에 왜 거절당했는지 심각한 고민에 빠지며 결국 거절당할 것이 두려워 타인에게 제안을 하지 않는다. 이런 과정이 반복되면서 자아존중감이나 자기효능감이 점점 떨어지는 것이다. 대표적으로 아동 성범죄자들의 범죄 행동 특징을 살펴보면 범죄자 자신에게 익숙하지 않은 지역을 돌아다니면서 대상을 물색하기보다는 친숙한 지역에서 피해 아동을 선정하는 범행 수법이 많이 나타나고 있다. 결국 자신이 친숙한 지역에서 조금만 위협해도 거절하지 않는 아동을 대상으로 성범죄를 자행하는 것이다.

또 다른 성격 유형 중 하나는 편집적 성향이다. 이는 주변 사람들에 대해 부당하게 의심하는 증상이 대표적이다. 누구와도 터놓고 이야기하지 않는다. 내 정보를 다른 곳에 사용할 것이라는 생각 때문이다. 이 성향이 성격장애의 증상으로 발전되면 의처증이나 의부증으로 나타나 배우자에 대한 신뢰를 무너뜨리고 가정폭력으로까지 이어지는 경우가 나타나기도 한다. 편집적 성격장애의 대표적인 특징은 타인과의 신뢰 관계를 무너뜨리고 자신이 늘 손해를 보고 위해를 당한다는 생각이 있어 대인관계가 원활하지 않으며, 자신을 잘 드러내지 않는다는 것이다. 상대방의 행동과 태도를 왜곡해서 받아들이는 문제는 결국 심각한 범죄로 이어지는 사례로 나타나기 시작한다.

막연한 분노, 감정의 변화, 그리고 헤어날 수 없다고 느끼는 무력감 등을 계속 쌓아오고 있다가 상대방의 어떤 태도를 잘못 인식함으로써 촉발 요인이 되어 상대방을 무차별 공격하는 행위로 이어진다는 것이 정신장애나 성격장애에서 나타나는 대표적인 사례들이다.

조현병

조현병(Schizophrenia)은 인지, 정서, 행동 영역 전반에 걸쳐 사고와 감정의 장애가 나타나는 정신장애이다. 발병의 원인은 명확하게 밝혀지고 있지 않지만 생물학적 요인, 심리, 사회적 요인으로 설명하고 있다. 조현병도 역시 성격장애와 마찬가지로 범죄와의 직접적인 관련이 있다는 사실은 연구된 바가 없다. 실제로 정신장애를 포함한 모든 정신적인 문제로 인해 사건이 발생한 경우는 1%가 채 되지 않는다. 그런데 우리는 조현병이나 망상 같은 장애를 가진 사람들을 굉장히 위험한 인물이라고 인식하는 경우가 많다. 조현병은 과거에 정신분열병이라고 표현했지만 치료가 이루어지고 주변 사람들의 도움을 받는다면 정상인과 특별하게 다른 문제를 일으키지 않고 원활하게 생활할 수 있다는 의미에서 정신건강의학계에서 공식적으로 조현병으로 명칭을 변경했다.

병명을 조현병으로 변경한 것은 정신질환에 대한 잘못된 인식을 바꾸고자 하는 노력의 일환이었지만 그럼에도 불구하고 조현병에 대한 오해는 여전히 산재해 있다. 조현병 증상을 보이는 사람은 예측이 불가능하고 언제 어디서든 누군가를 공격할 수 있는 가능성이 있다는 것이 첫 번째 오해다. 두 번째는 그런 위험성을 내포하고 있는 일련의 증상들이 일반화되어 있지 않으므로 무엇 때문에 그런 공격적인 폭력성을 나타내는지 알지 못해 막연히 위험하다고 생각하는 문제다. 이것은 조현병 초기 증상이 발견됐을 때 치료할 수 있는 기회가 박탈된다는 가장 큰 문제를 낳는다. 본인 스스로도 잘 인식하지 못할 뿐더러 가족이나 주변 사람들이 빨리 개입해서 치료를 해야 함에도 불구하고 사회에 적응하지 못하는 큰 문제가 있는 사람으로 낙인 찍힐 것을 두려워해서 치료를 기피하는 현상까지 이어진다. 증상이 심각한 상황에 이르러 생기는 문제들을 예방할 수 있는 계기가 차단되는 것이다. 여기에서 꼭 알아야 할 것은 조현병은 초기 단계에서 치료가 개입될 경우 더 이상 심각한 상황으로 진행되지 않으며 예후 또한 좋다는 것이다.

현직에서 만난 조현병이나 망상과 같은 문제를 가진 사람들의 대표적인 특징은 환청과 환시였다. 그들이 경험하는 환청은 늘 자신을 비난하는 내용이 주를 이루기 때문에 항상 자신이 무언가를 잘못하고 있고, 또 그 잘못을 스스로 개선할 수 없다는 생각 때문에 환청을 들으며 화를 내거나 오랜 시간 분노에 차 있다. 이 때문에 어떤 사소한 자극에도 예민하게 반응할 수 있고, 또 사람들과의 대인관계에 있어서도 늘 타인이 자신을 위해하려고 한다는 생각을 가질 수 있어 사회적 관계가 원활하게 이루어지지 않는 경우들이 많다. 대표적인 것이 편집적 망상의 증상이다.

조현병의 경우는 사고의 단절이나 엉뚱한 생각이 삽입되는 등의 증상으로 인해 이치에 맞는 말을 하지 못하는 문제를 갖고 있다. 이로 인해 조현병 증상을 보이는 사람을 사회 구성원들이 배척함으로써 사회에서 고립되는 경우가 있다. 성격장애와 조현병을 가진 사람들 중 타인을 공격하고 범죄를 저지르는 사람들의 공통점은 '고립'이다.

망상장애

망상장애(Delusional Disorder)는 한 가지 이상의 망상이 한 달 이상 지속되어 나타나는 것이다. 망상장애에서 나타나는 망상의 유형은 전혀 일어날 수 없는 불가능한 일들이 아니다. 때때로 그럴듯한 내용을 포함하고 있다. 과학적으로 설명되지 않은 내용을 사실처럼 믿는 조현병의 망상과는 달리 자신이 누군가로부터 미행을 당한다든지, 자신을 감시하고 도청한다는 등의 내용이 주를 이룬다. 상황에 따라 있을 수 있는 일에 대한 망상을 의미한다. 임상적 증상으로는 자신의 망상에 대한 반응으로 인해 불쾌감과 분노를 표현하는 경우가 많다. 불쾌감 때문에 자신의 망상 내용에 책임이 있다고 느끼는 수사기관이나 정부기관에 반복적으로 편지나 전화를 걸어 항의를 하는 경우가 많다.

망상장애의 하위 유형에서는 피해망상의 비율이 가장 높게 나타나는데 이 증상은 늘 자신이 모함을 받고 있다거나 감시, 미행을 당하고 있다는 주장이 주를 이룬다. 그 결과 자신을 해칠 것이라고 믿는 대상에게 급격한 분노를 표출하거나 폭력을 행사하는 경우가 많다. 정신분석학적 측면에서는 성장기에 양육자로부터 지나친 주의를 받고 자란 경우가 망상장애 발병의 원인이 되는 경우가 많은 것으로 보고 있다. 증상이 악화되면 사회 전체가 자신을 해치려는 집단으로 생각하여 증오와 공격적 충동을 나타낸다.[♀]

정신장애 범죄는 왜 발생하는가

우리 사회가 바라보아야 할 가장 중요한 지점은 이 범죄가 왜 발생했는가를 반드시 살펴보는 것이다. 우리 사회에 만연해 있는 정신장애에 대한 잘못된 낙인들은 결국 치료 기회를 놓칠 수 있으며, 그로 인해 치료를 받아야 할 사람이 사회적으로 고립되는 환경을 조성할 수 있다. 그리고 이는 나아가 다른 사람을 공격하는 형태로 나타날 수 있다.

정신장애가 원인이 되어 발생하는 범죄 예방의 핵심은 초기 단계의 치료적 개입과 지속적인 치료의 기회다. 대부분 정신장애의 증상이 나타날 때부터 범죄를 저지를 때까지는 상당히 많은 기간이 소요된다. 정신장애가 발병했다고 해서 갑자기 사람들을 무차별적으

♀ 권일용, 『프로파일링 이론과 실제』 박영사 183~184P

로 공격하지는 않는다. 대부분 어린 나이에 증상이 발견됐을 경우 가족이나 주변 사람이 치료에 개입한다. 병원으로 안내하고 가족의 도움으로 약 투여 또한 원활하게 이루어진다. 이렇게 치료가 진행되는 과정에서는 큰 문제를 일으키거나 위험성을 표출하지 않는다. 하지만 이 문제가 개선되지 않고 시간이 흐르면서 가족이나 주변 사람이 힘들고 지쳐 포기하게 되면 결국 힘으로 통제하기 어려운 상황이 닥치고 만다. 그렇게 되면 정신장애를 앓고 있는 사람은 자신이 병을 앓고 있다고 생각하지 않기 때문에 억지로 약을 먹이고 병원으로 이끌고자 하는 가족에게 폭력을 행사하기도 하는데 이 같은 상황이 되면 스스로 극복하고 살아갈 수 있을 거라는 착각에 빠지게 된다. 그리고 어떤 시점에 이르러 정신장애 증상과 함께 본래 가져왔던 주관적인 고통이 결합되면서 범죄로 일어날 가능성이 높아지게 된다. 그래서 치료가 반드시 개입되어야 하는 것이다.

2000년대 중반 이후로 정신장애와 관련된 범죄가 증가하기 시작해 이에 관한 연구들을 진행하면서 여러 전문가들을 만나게 되었다. 전문가들의 말은 대부분 한결같았다. 외국의 경우 정신장애 증상이 나타났을 때 초기에 전문가에게 찾아오며, 가족 중 누군가가 과도한 스트레스를 호소하고 이상한 사고와 행동을 하기 시작하면 재빠른 판단으로 서둘러 치료가 개입되기 때문에 짧은 시일 안에 치료가 이루어지는 것은 물론, 이를 극복해 나갈 수 있는 자신감을 가짐으로써 사회 적응이 어렵지 않다는 것이다. 하지만 우리나라의 경우 정신장애라는 낙인이 붙는 일을 두려워할 뿐 아니라 여러 가지 환경적인 요인들 때문에 결국 문제가 발생된 후에 전문가를 찾아오는 경우가 굉장히 많다는 것이다. 사후 대책으로 치료를 택하는 것이다. 이런 점에서 정신장애에 대한 오해와 낙인은 반드시 잘 정리가 되어야 한다.

연구를 진행하면서 호주의 경우를 살펴보았다. 호주에서는 정신장애에 대한 증상으로 문제가 발생했을 때 '지역명령제도(CTO;Community Treatment Order)'를 가동한다. 정신장애가 있는 사람에게서 자해와 타해의 위협이 있는, 정상적이지 않은 사고 과정이 계속된다고 여겨지는 행동이 나타나면 해당 지역의 의사들, 수사기관, 또 지역 대표들, 주민들이 모여서 그 사람에 대한 환경과 상황을 살펴보고 자타해의 위협이 있으므로 서로를 보호하기 위한 방법으로 강제입원 치료를 결정한다. 더불어 치료에 대한 비용은 국가에서 지불해 주는 방식이다.

호주의 사례를 보면 정신장애가 범죄로 이어지기 전에 국가와 정신장애 당사자 및 가족이 서로 노력한다는 것을 알 수 있다. 이는 우리가 반드시 벤치마킹을 통해 시행해야 하는 시스템이라고 생각한다. 왜 치료가 개입되지 않고 있는지, 또 어떤 낙인들 때문에 고통을 경험하고 있는지 돌아보아야 한다. 단순히 정신장애 증상 때문에 범죄를 저지르는 것이라고 치부해 버리고 본질적인 접근을 하지 않는 것은 무책임한 일일 것이다.

이는 결코 범죄자들을 옹호하는 문제도 비난하는 문제도 아니다. 왜 문제가 발생했는지 들여다보면 결국 주변 사람들의 관심과 치료, 그리고 치료가 지속될 수 있는 우리 인식의 변화가 절실함에도 불구하고 너무 소외되어 있는 것은 아닌지 의문이 들 수밖에 없다. 정신장애 증상을 나타내는 사람에 대해 치료가 개입될 수 있는 시스템을 구축하는 것이 무엇보다 시급하다는 생각이 든다.

케이스
1

강남역 살인사건

2016년 5월 17일, 오전 1시 30분쯤, 서울 강남역 부근에 위치한 한 상가의 남녀 공용 화장실에서 20대 여성이 흉기에 수차례 찔려 사망한 사건이 발생했다. 화장실에 갔던 여자 친구가 오지 않자 함께 있던 남자 친구가 찾으러 갔다가 피를 흘리며 쓰러져 있는 것을 목격하고 신고해 즉시 병원으로 옮겼지만 숨졌다.

경찰은 사건 현장 부근의 CCTV를 분석해 범행 시간대에 화장실로 들어가는 남성의 모습을 확인하고 용의자로 특정했다. 용의자가 사건이 발생한 상가 주점의 종업원이라는 것을 확인하고 10시간 뒤인 오전 10시쯤 출근하는 용의자를 검거했다.

당시 용의자는 범행 당시 CCTV에 찍힌 것과 같은 옷차림이었으며 주머니에 32.5cm 길이의 흉기를 소지하고 있었고 오른손에는 칼에 베인 상처가 있었다. 용의자는 일하던 주방에서 흉기를 들고 나와 화장실에 숨어 있다가 들어오는 피해자를 상대로 범행을 저질렀다고 자백했다. 피해자와는 알지 못하는 사이이며 여자들이 자신을 무시해서 범행을 저질렀다고 진술했다.

범죄자의 특성

경찰은 용의자를 34세 김○○라 밝히며 "건강보험공단에서 회신받은 진료 내역과 비교해 본 결과 2008년 여름, 정신분열증 진단을 받은 이래 2008년 수원 모 병원에서 1개월, 2011년 부천 모 병원에서 6개월, 2013년 조치원 모 병원에서 6개월, 지난해 8월부터 올 1월까지 서울 모 병원 6개월 등 네 번의 입원 치료를 받은 기록을 확인했다"고 발표했다.♡ 2014년까지 서울 소재의 한 신학원을 다니다 중퇴한 후 교회에서 일했으나 교회 여성들에게 무시당하는 등 사회생활을 하면서도 여성들에게 자주 무시를 당해 범행을 저질렀다고 진술한 것으로도 전해졌다.♡♡ 김○○는 두 달간 정신과 약을 먹지 못했고 열흘 째 노숙을 하고 있던 상황으로 주점에서 일하며 악취 때문에 주방 보조로 자리를 옮긴 뒤 하루 만에 범행을 한 것으로 알려졌다.

♡ 이혜리·김서영 기자, '경찰, 여성혐오 살인 논란 관련 정신 병력으로 4차례 입원', 경향신문, 2016. 5. 18.

♡♡ 서울신문 온라인뉴스부, '강남역 묻지 마 살인' 범인 A씨는 전직 신학생…', 2016. 5. 18.

사건 분석

5월 19일, 서울중앙지법은 도주의 우려로 구속영장을 발부했으며, 경찰이 프로파일러 투입을 통해 조사한 결과 김○○의 정신분열 증세가 악화된 것이 범행의 동기로 보인다는 소견을 발표했다. 여성으로부터 구체적인 피해를 당한 사례 없이 피해망상으로 평소 피해를 받는다고 생각한 것으로 보이며 중학교 때부터 비공격적인 분열 증세가 있었고, 2008년 정신분열 진단을 받은 후 치료 중이었지만 최근 약을 복용하지 않아 증세가 악화된 것으로 추정했다.

다음 날인 20일에는 프로파일러를 2명 더 늘린 5명이 투입돼 2차 심리 면담을 진행했다. 그리고 22일, 피의자 심리분석 결과 피의자의 망상적 태도, 표면적인 범행 동기 부재, 피해자와의 관계에서 직접적인 촉발 요인이 없는 전형적인 묻지 마 범죄 중 정신질환, 조현병 유형에 해당하는 것으로 분석된다고 발표했다.♀

24일 오전, 현장검증이 진행됐다. 현장검증을 위해 경찰서 밖으로 나온 김○○는 심경을 묻는 기자의 질문에 "심경은 뭐 담담합니다. 개인적으로 원한이나 감정은 없기 때문에, 희생이 됐기 때문에 미안하고 송구스러운 마음은 가지고 있습니다"라고 대답했고, 왜 희

♀ 박지혜 기자, '강남 묻지 마 살인, 정신질환자 전형적 범죄, 女가 괴롭혀 망상', 뉴스1, 2016. 5. 22.

생했는가 하는 질문에는 경찰조사 과정에서 충분히 말했고 조사와 재판 과정을 통해 이유나 동기에 대해 답변을 하겠다고 말했다. 비공개로 진행된 현장검증에서는 태연한 태도로 범행을 재연한 것으로 알려졌다.

사건 결과

2016년 8월 26일에 진행된 첫 재판에서 김○○는 법정 안이 유가족과 취재진으로 가득한 광경을 보고 "내가 유명 인사가 된 것 같다. 이렇게 인기가 많을 줄 몰랐다"고 말했다. 자신은 피해망상과 상관이 없으며 "어떻게 보면 대응 차원에서 그러한 일을 한 것 같다"고 주장했다. 검사가 증거 기록을 설명할 때는 웃음을 터뜨리기도 했다.

제2차 공판기일에는 여러 명의 증인이 출석해 김○○에 대해 증언했다. 2층에 거주하는 김○○가 4층에 올라가 소음을 낸다며 문을 두들기는 등 항의를 한 적이 있으며, 2016년 1월에 김○○를 진단한 신경정신과 전문의는 약을 먹지 않으면 증상이 재발할 가능성이 있다고 했지만 완강히 거부했고 여성혐오에 대한 피해망상 등은 진료 시 확인되지 않았다고 했다. 보호관찰소 조사 담당에 따르면 김○○의 강제입원 여부를 두고 부모님과 갈등이 있었으며 모친은

신앙으로 극복시키려 했다고 들었다고 진술했다.[♢] 그리고 결심공판에서 검찰은 김○○에게 무기징역을 구형했다. 김○○는 최후변론에서도 자신은 정신병을 앓고 있지 않다며 자신은 건강하다고 강조했다.[♢♢]

10월 14일 1심 재판에서 김○○에게 징역 30년형이 선고됐다. 재판부는 김○○가 범행에 이르기까지 가졌던 감정에 대해 여성에 대한 의심과 사소한 잘못이 범행으로 연결됐음을 인정했다. 그리고 감정인의 소견에 따라 "김○○는 여성에 대한 폄하보다는 남성에 대한 무서움을 느끼는 경향이 더 커 보인다"는 점을 비중 있게 다루며 김○○의 범행을 "약자를 대상으로 한 범행으로 보인다"고 판단했다. 또한 유죄를 인정하며 고등학교 2학년 이후 정신병 증세가 시작돼 미분화형 조현병 진단을 받았다며, 환청을 들으며 망상적 사고를 가졌다는 진단을 받았다고 판시했다. 심신미약에 의한 불안정한 사고로 책임 능력이 미약하므로 원래 무기징역을 선고해야 마땅하지만 감경해 징역 30년형을 선고한다고 판결했다.[♢♢♢]

12월 15일에 진행된 2심 첫 공판에서 김○○는 "화가 나서 본의 아니게 범행을 저질렀는데 제 범행으로 인해 사망하게 된 여자에 대

[♢] 박형준, '정신병자라고 다 사람을 죽이느냐-강남역 살인사건 증인 신문', 슬로우뉴스, 2016. 9. 12.

[♢♢] 김종훈 기자, '檢, 강남역 살인사건 무기징역 구형 - 여성에 반감 여전', 머니투데이, 2016. 9. 30.

[♢♢♢] 박형준, '"김 씨에게 징역 30년 형을 선고한다" - 강남역 살인사건 1심 선고', 2015. 10. 14.

해 면목이 없고 마음이 아프다"며 "반성이나 후회의 마음은 들지 않는 것 같다"고 말했다. 검찰은 징역 30년형의 원심 형량이 너무 가볍다며 무기징역을 구형했다.

2017년 1월 12일, 김○○는 1심에 이어 항소심에서도 징역 30년형을 선고받았다. "원심의 형이 너무 무겁거나 가벼워 합리적인 범위를 벗어났다고 인정할 수 없다"며 검찰과 김○○ 양측의 항소를 모두 기각했다. 치료감호와 20년의 위치추적 전자장치 부착 명령도 1심대로 유지됐다. 김○○ 측 변호인은 "범행 당시 정신질환 때문에 사물을 변별하거나 의사를 결정할 능력을 상실한 상태였다"고 주장했지만 재판부는 "범행 경위나 내용, 수단과 방법, 범행 후의 정황 등 제반 사정과 정신감정 결과를 모두 종합해 봐도 심신상실 상태였다고 볼 수 없다"고 판단했다.

케이스
2

인천 초등학생 유괴 살인사건

2017년 3월 29일 오후 4시 30분쯤, 인천에서 여덟 살 초등학생 여자아이가 실종됐다는 신고가 접수됐다. 경찰은 신고 내용을 바탕으로 공원 인근 CCTV를 추적해 용의자 김○○의 인상착의와 신원을 특정했다. 경찰은 김○○가 거주하는 것으로 추정되는 아파트 내 30여 가구에 대해 탐문수사를 통해 용의자의 부모를 찾아낸 뒤 당일 오후 10시 30분쯤 김○○를 긴급체포했다. 경찰은 수색 끝에 김○○가 거주하는 아파트 옥상에서 흉기에 의해 훼손된 상태로 대형 쓰레기봉투에 담긴 채 물탱크 건물 위에 놓여 있던 아동의 시신을 발견했다.

경찰에 따르면 용의자 김○○는 인천의 한 공원에서 친구와 공원 놀이터에서 놀던 아동에게 휴대전화를 빌려주겠다며 자신의 아파트로 유인해 살해한 뒤 시신을 훼손한 혐의다. 하지만 김○○는 경찰에 체포된 직후 초기 조사에서 "아무런 기억이 나지 않는다"며 진술을 회피했다. 고등학교에 재학 중이던 김○○는 지난해 부적응을 이유로 자퇴했으며 오랜 기간 신경정신과 치료를 받아온 것으로 전해졌다.

4월 10일에는 김○○가 훼손한 시신 중 일부를 건네받아 유기를 도운 10대 공범이 경찰에 긴급체포됐다. 박○○는 3월 29일 오후 5시 44분쯤 서울의 한 지하철역에서 김○○로부터 숨진 아동의 훼손된 시신 일부를 건네받아 유기한 혐의였다. 경찰은 특가법상 미성년자 약취·유인 후 살인 및 사체손괴·유기 혐의로 구속한 김○○에 대해 추가 수사를 벌이던 중 박○○의 범죄 공모 혐의를 확인했다.

경찰조사 결과 김○○는 사건 당일 오후 4시 9분쯤 집에서 나와 지하철로 이동해 서울에서 박○○를 만나 시신의 일부를 비닐로 싸고 종이종투에 담아 박○○에게 건넸다. 하지만 박○○는 경찰조사 과정에서 "김○○로부터 종이봉투를 건네받은 것은 맞지만 시신인지는 전혀 몰랐다"며 혐의를 부인했고 "집 주변 쓰레기통에 종이봉투를 버렸다"고 진술했지만 경찰은 주변 CCTV를 토대로 이 진술은 신빙성이 떨어진다고 봤다. 김○○와 박○○는 2017년 2월 중순, SNS를 통해 알게 된 사이로 파악됐다. 박○○는 2017년에 고등학교를 졸업했다.[♀] 박○○는 시신 일부를 건네받아 보관하다 유기한 혐의로 재판에 넘겨졌으며, 김○○는 살인방조죄 등으로 기소됐지만 재판 중 살인 등의 혐의로 죄명이 바뀌었다.

♀ 신동윤 기자, '경찰, 인천 8세 여아 살인범 사체 유기 도운 10대 공범 긴급체포', 헤럴드경제, 2017. 4. 11.

6월에는 김○○와 함께 구치소 생활을 했다고 주장한 누리꾼의 글이 게시되었다. 김○○는 구치소에서 죄를 뉘우치지 않고 콧노래를 흥얼거리기도 하고, 피해자 부모에 대해 망언을 했다는 내용이었다. 글을 게시한 누리꾼은 인천구치소에서 수감 생활을 할 때 '인천 초등학생 살인사건'의 피의자인 김○○가 구치소로 왔다고 전하며, 김○○는 첫날부터 같은 방에 있는 수감자들에게 "제 사건에 대해 궁금한 점이 있으면 물어보라"고 말했으며 몇 날 며칠 약에 취해 잠만 자더니 공범인 친구에게 연락을 하고 싶은데 연락할 수 없다는 점과 공범인 그 친구가 자신을 기다려줄 것인지 너무나 물어보고 싶다며 펑펑 울기도 했다고 전했다. 어느 날 밤에는 자신의 현실이 느껴진다며 이곳에서 어떻게 20~30년을 사느냐며 눈물을 보였다고 했다. 하지만 다음 날 변호사와의 접견 후에는 "정신병으로 인정되면 7~10년밖에 살지 않는다. 희망이 생겼다"며 콧노래를 흥얼거렸다고 했다.♡

사건 결과

7월 4일에 열린 김○○의 1차 공판에서 처음으로 유괴 혐의를 인

♡ 동아닷컴 디지털뉴스팀, '인천 초등생 살인범, 콧노래·피해자 부모에 망언"…'구치소 동기' 목격담 파장', 2017. 6. 23.

정했다. 그리고 이어 심신미약에 의한 범행이라고 밝혔다. 김○○의 변호인은 "범행 후 서울에서 공범 박○○를 만나고 있다가 모친의 연락을 받고 집으로 와 자수한 것이니 양형에 참작해 달라"고 했다.

이날 재판에서 김○○가 경찰과 검찰 조사 당시 보였던 다중인격적인 행동에 대한 내용이 공개됐다. 김○○는 조사 당시 "오늘은 온순한 성향의 'A'입니다. 지금부터는 A에서 공격적 성향인 'J'로 변합니다"라고 말하는 등 자신이 다중인격을 가지고 있다고 주장했다. 하지만 검찰은 이에 대해 "다중인격이면 A와 J가 서로 한 일을 몰라야 하므로 김○○는 다중인격이 아니다"라고 주장했으며 김○○의 심리를 분석한 대검 수사자문위원 또한 "김○○는 고도로 치밀하며 현실검증능력을 온전히 유지하고 있다"며 "다중인격 주장은 꾸며낸 사실일 가능성이 크다"고 보고했다.[♡]

7월 12일 인천지법에서 열린 1차 공판에서 김○○는 담담한 모습으로 법정에 들어섰으며 피해자 어머니가 "내 아이는 그렇게 가서는 안 되는 아이였다"며 호소하자 김○○는 눈물을 흘리고 얼굴을 손으로 감싼 채 오열하기도 했다. 피해자 어머니는 재판부에 강한 처벌을 요구하며 법정을 나가자 김○○가 돌변했다. 김○○는 감정에 북받쳐 오열하다가도 자신을 변호할 때는 적극적인 태도를 보였다.[♡♡]

♡ 박다정 기자, '인천 초등생 살해범, 변호인이…사형해야 하는 것 아닌가 나도 자괴감 들어', 이투데이, 2017. 7. 5.

♡♡ 전혜정 기자, '초등생 살인사건' 눈물 '뚝뚝'…변호 땐 돌변', 채널A, 2017. 7. 12.

김○○는 자신의 정신감정을 했던 교수가 증언을 하자 그런 적이 없다며 소리를 지르기도 했으며 변호사에게 반박해 달라는 듯한 내용의 귓속말을 하기도 했다. 한 언론보도에 따르면 김○○의 변호인이 반대신문을 하지 않자 김○○의 변호인에게 메모를 적어 주기도 했다. 그리고 변호인 마이크를 향해 "학교에서 교우관계가 안 좋았고, 적응도 못 했다. 정신감정을 받겠다"고 또박또박 말했다. 재판부는 다시 정신감정을 받겠다는 김○○의 말을 받아들이지 않았다.

8월 29일 열린 결심 공판에서 검찰은 인천 초등학생 살인범 김○○와 박○○에게 각각 법정 최고형을 구형했다. 김○○에게는 징역 20년과 전자발찌 30년 부착, 박○○에게는 무기징역과 전자발찌 부착을 재판부에 요청했다. 하지만 김○○는 심신미약 상태에서 충동적으로 벌인 일이라고 주장했으며 공범자인 박○○는 역할극인 줄 알았다며 혐의를 전면 부인했다. 1심은 "이들의 일련 범행 과정에서 상당히 심각한 수준의 생명 경시 태도가 드러났고, 자신의 범행에 대해 반성하는지 의문"이라고 판단했다. 그리고 검찰의 구형과 같이 김○○에게는 징역 20년, 박○○에게는 무기징역을 각각 선고하고 30년간 위치추적 전자장치(전자발찌) 부착을 명령했다. 주범 김○○는 2000년 10월생으로 만 18세 미만에게는 사형이나 무기징역형이 선고될 수 없는 소년법 적용을 받아 공범이자 1998년 12월생인 박○○보다 낮은 형을 선고받았다.

1심 선고는 구형 그대로 김○○에게는 20년형, 박○○에게는 무기징역형이 내려졌지만 이에 항소했고, 결국 2018년 4월 30일에 열린 항소심 선고에서 주범 김○○는 징역 20년형, 공범 박○○는 징역 13년형이 확정됐다. 징역 20년형을 선고받은 김○○가 다음 날 상고장을 제출, 5월 4일에는 박○○가 상고를 제기했다. 하지만 2018년 9월 13일, 대법원은 김○○에 대해 징역 20년형, 박○○ 또한 원심 그대로 13년을 확정했다.♡

이 사건을 수사한 담당 검사는 공범인 박○○의 지시로 주범 김○○가 범행을 실행했음을 밝혔다. 박○○는 인터넷 커뮤니티 역할극인줄 알았다고 했지만 역할극을 할 때는 존댓말로, 실제 관련 대화에서는 반말을 사용한 것이 근거가 되었다. 또한 박○○의 지시를 받아 김○○가 살인을 했다는 자백을 끌어냈다. 김○○와 박○○는 동성 연인으로 박○○가 사람의 신체를 갖고 싶다는 이유로 살인을 공모하고 실행하도록 한 것으로 밝혀졌다.♡♡

♡ 박태훈 기자, "인천 초등생 살해' 주범은 48세에…공범은 33세에 세상 나온다', 세계일보, 2018. 9. 13.

♡♡ 윤혜진 기자, '인천 초등생 살인사건 동기 살인범 김 양, 신체 원하는 공범 박 양 지시로', 크리스천투데이, 2017. 9. 23.

케이스
3

진주 아파트 방화 살인사건

2019년 4월 17일 오전 4시 30분쯤, 경남 진주의 한 아파트에 거주하는 한 남성이 자신의 집을 방화하고 주민들에게 흉기를 휘둘렀다. 이 범죄로 인한 사상자는 총 22명으로 5명이 피의자가 휘두른 흉기로 사망했으며 17명이 상해를 입었다.

사건 다음 날 피의자는 심문에서 "불이익을 당하며 지내다 보니 나도 모르게 화가 많이 나 그렇게 했다"고 했다가 "부정부패가 심각한데 제대로 좀 밝혀달라"고 했다. 그리고 "누군가가 아파트를 불법 개조해 CCTV를 설치했다"고 했다. 이 외에도 누군가 주거지에 쓰레기를 던졌다거나 모두가 한통속으로 시비를 걸어왔다고 말했다.

피의자 42세 안○○는 아파트 주민들이 자신을 험담한다고 생각해 이 같은 범행을 계획하고 2~3개월 전 흉기를 구입했다고 진술했으며, 범행 3시간 전에 거주지 인근에 위치한 셀프주유소에서 휘발유를 구입한 후 귀가하는 모습이 CCTV를 통해 확인됐다. 안○○

는 당일 새벽, 자신의 집에 방화해 불이 번지게 한 뒤 비상계단에서 칼을 들고 탈출하는 주민들을 기다렸다가 휘두른 것으로 조사됐다. 신고를 받고 출동한 경찰에 의해 체포됐으며, 임금체불에 불만을 갖고 홧김에 범죄를 저질렀다고 밝혔지만 무직이며 기초생활수급자였던 것이 밝혀졌다. 경찰은 안○○가 불이익을 당해왔다며 횡설수설하면서도 범죄를 일으킨 사실을 알고 있고 잘못한 부분을 사과하고 싶다고 진술하는 등 정상적인 모습도 보였다고 밝혔다.

이 사건에 투입된 프로파일러는 사건 당일 진행된 기자 질의를 통해 일반적인 조현병과 차이가 있는 부분에 대해 설명했다. "조현병의 경우 외모 관리나 개인위생이 부족해질 수 있는데 피의자는 그것도 뚜렷하지 않았다"며 "일반인과 다름없다고 생각할 수 있을 것 같다"고 말했다. 또한 피의자는 정신장애로 보이는, 특히 사고장애가 중심이 되는 정신장애가 있는 것으로 사료된다고 설명하면서도 "특히 인지기능, 기억이나 지적 부분에서 특별한 문제를 보이지 않고 있는 것으로 판단된다"고 밝혔다. 개인적인 경험이나 자신의 기억과 관련된 질문에 대한 답변은 양호하며 단답형에서는 적절하게 대답하는 상황이라고 했다. 범행 대상에 대해서는 혼란스러워 잘 기억나지 않는다고 진술했다고 전했다.♀

♀ 이형탁 기자, '경찰, 진주 방화·살인 안○○, 일반적 조현병과 다르다', 경남CBS, 2019. 4. 18.

범죄자의 특성

안○○의 태도가 급격히 달라져 논란이 일기도 했다. 범행 당일, 경찰서 진술 녹화실에서 나온 안○○는 어깨를 움츠리고 고개를 숙인 채 바닥만 보며 걷는 모습이었지만 다음 날 영장실질심사에 모습을 드러냈을 때는 고개를 들고 어깨를 편 모습이었다. 그리고 얼굴이 공개된 19일에는 고개를 들고 당당한 태도였다. 취재진의 카메라를 정면으로 응시하며 쏟아지는 질문에 힘주어 대답하는 모습이었다. 화난 표정으로 "저도 하소연을 했었고 10년 동안 불이익을 당해왔다. 하루가 멀다 하고 불이익을 당해오고 그러다 보면 화가 날 때도 있었다. 내가 사는 아파트 내에 완전히 미친 정신 나간 것들이 수두룩하다"며 역정을 내기도 했다.♀ 목격자인 아파트 관리사무소장의 증언에 따르면 범행 당시 안○○는 남자 직원이 올라갈 때는 숨었다가 여성이 계단에서 내려오면 망설임 없이 공격했다고 전했다. 실제 사건 현장에서 안○○와 마주쳤던 건장한 체격의 한 경비 직원은 아무런 피해를 입지 않았다.♀♀

2015년 12월, 이 아파트에 입주한 안○○는 지속적으로 이상

♀ 박태근 기자, '안○○ 3일간 태도 변화 극적...시간 지날수록 당당', 동아닷컴, 2019. 4. 19.

♀♀ 최현지 기자, '안○○, 얼굴 공개에도 당당한 태도…건장한 남성 마주치자 숨어, 여성 마주치자 바로 공격', 전기신문, 2019. 4. 19.

행동을 보여 주민들과 갈등을 빚은 것으로 전해졌다. 층간소음 문제로 다툼이 있었고 5층에 오물을 뿌리기도 했으며 층간소음으로 갈등을 빚고 있는 집에 거주하는 여고생의 뒤를 따라와 집 초인종을 수차례 누른 적도 있었다. 주민들은 안○○를 경찰에 7차례 신고했지만 그때마다 별다른 조치가 없었다.

가족의 증언에 따르면 안○○가 이 같은 폭력적 성향으로 문제를 일으켜 정신병원에 강제로 입원시키려 했으나 본인이 거부했고 정신건강복지법의 정신질환자 인권을 감안해 강제로 입원시킬 수 없었다.♀

안○○는 2010년, 진주 시내 한 골목에서 자신을 쳐다본다는 이유로 대학생들과 시비가 붙자 흉기를 꺼내 일행 중 1명에게 상해를 입혀 폭력 등의 혐의로 구속되기도 했는데 재판을 받으며 정밀검사를 통해 '편집형 정신분열증' 진단을 받고 심신미약이 인정되어 징역 2년에 집행유예 3년을 선고받아 3년 동안 치료감호소에 수감됐다. 정신질환에 대한 진료 이력은 2015년 1월부터 2016년 7월까지 확인된 것으로 보아 2년 9개월간 치료가 단절된 것으로 파악됐다. 2019년 3월에는 진주의 한 술집에서 지나가던 행인을 망치로 위협해 특수폭행 혐의가 적용되며 불구속기소 의견으로 송치돼 벌금형을 받았다.

♀ 윤혜진 기자, '안○○ 진주 아파트 방화 살인사건 피의자.. 조현병 증상 강제입원 시도도', 크리스천투데이, 2019. 4. 18.

사건 결과

살인·현주건조물방화 등의 혐의로 재판에 넘겨진 안○○는 12월 6일, 국민참여재판으로 열린 1심에서 사형을 선고받았다. 배심원 9명 전원이 유죄로 평결했으며 8명이 사형, 1명이 무기징역을 선고해야 한다는 의견을 냈다. 재판부는 "조현병 환자인 안○○에게 적절한 조처를 하지 못해 비극이 발생한 것은 전적으로 피고인 책임으로만 돌릴 수 없지만 죄를 경감시키는 사유는 될 수 없다"고 지적했다. 또한 진지한 참회의 모습을 보이지 않았고 재범의 위험이 매우 크다고 사형선고의 이유를 밝혔다. 안○○는 재판 결과에 불복하며 형량이 과하다는 이유로 항소했다.

2심 재판부는 안○○의 혐의를 모두 인정하는 반면, 심신미약 주장을 받아들였다. "이웃이 괴롭힌다"는 등의 피해망상과 관계망상이 범행 동기로 작용한 것으로 보이며 사건 당시에도 조현병 정신장애를 가지고 있었다며 무기징역을 선고했다.

2020년 4월 22일 결심공판에서 검찰은 사형을 구형했다. 그리고 6월 24일에 열린 선고공판에서는 심신미약을 인정해 무기징역으로 감형됐다. 대검찰청 심리분석관들이 실시한 임상심리평가와 치료감호소의 정신감정 결과는 피해망상을 앓고 있는 것으로 나타났다. 이웃이 자신을 감시한다는 등 관계망상이 심각한 수준인 것으로 알려졌다. 무기징역으로 감형됐음에도 안○○ 측은 상고했지만 대법원은 "원심이 심신미약에 관한 법리를 오해하는 등의 잘못이 없다"며 상고를 기각했다.

10월 29일, 대법원은 현주건조물방화 등의 혐의로 기소된 안○○의 상고심에서 무기징역을 선고한 원심을 확정했다. 재판부는 "이 사건 범행 당시 심신미약 상태에 있었다고 보아 심신미약 감경을 한 후 무기징역을 선고한 원심에 자유심증주의 한계 일탈 또는 심신미약에 관한 법리를 오해하는 등의 잘못이 없다"며 상고를 기각했다.

케이스
4

정신과 의사 살인사건

2018년 12월 31일 오후 5시, 서울 종로구에 위치한 병원에서 진료를 받던 환자가 의사에게 흉기를 휘두르는 사건이 발생했다. 흉기에 수차례 찔린 의사는 응급실로 옮겨졌으나 오후 7시 30분쯤 끝내 숨을 거뒀다. 간호사의 신고로 출동한 경찰은 피의자 33세 박○○를 현장에서 긴급체포했다. 박○○는 33cm의 칼을 소지하고 있었으며 "내가 왜 여길 오냐. 이것 좀 놔봐"라고 소리치기도 하고 범행 사실은 시인했지만 범행 동기에 대해서는 횡설수설하는 등 불안한 모습이었다고 전했다. 박○○는 조울증 등의 정신질환으로 2015년 이 병원에서 1년 반 정도 입원 치료를 받았으며 퇴원 후 수개월 만에 병원을 찾아 이 같은 범행을 저지른 것으로 밝혀졌다.

사건 분석

경찰은 박○○가 살해 동기에 대해 횡설수설하자 모친을 불러 조사했다. 모친은 박○○는 가족들에게도 폭력성을 드러내 떨어져 살았다고 진술했다. 박○○는 가족과 떨어져 살며 최근 1년간 정신과 진료를 받지 않은 것이었다. 한 목격자는 범행 직후 박○○는 보안요원이 다가가도 도망가지 않고 바닥에 흉기를 던지고 앉아 있었다고 진술했다. 경찰이 출동했을 때도 순순히 체포에 응했다고 전했다. 하지만 경찰서에서는 소리를 지르기도 하고 자신의 얼굴이 보고 싶다며 TV를 틀어달라고 요구한 것으로 전해졌다.♡

경찰은 압수수색영장을 집행해 박○○의 진료 기록을 입수했으며, 박○○의 주거지에서 휴대전화, 컴퓨터 등을 확보해 분석했다. 경찰은 "정신과 진료 내역 등을 종합적으로 분석한 결과 정신질환으로 인한 망상이 범행의 촉발 원인으로 보인다"고 밝혔다. 박○○는 경찰조사에서 "머리에 소형폭탄을 심은 것에 대한 논쟁을 하다가 이렇게 됐다"며 "폭탄을 제거해 달라 했는데 경비를 불러 범행을 저질렀다"고 진술한 것으로 알려졌다. 경찰에 의하면 박○○는 조울증으로 불리는 '양극성 정서장애'를 수년째 앓아왔지만 심신미약을 주

♡ 백승우 기자, '의사 살해 피의자 母 아들 무서워서 따로 살았다', 채널A, 2019. 1. 3.

장하지는 않았다고 했다.[♀] 박○○는 2015년 9월, 여동생의 신고로 이 병원의 응급실로 실려 왔고 20일간 정신병동에 입원, 피해자가 박○○의 주치의를 맡아왔다. 박○○는 가족의 동의로 입원한 일과 주치의에 대해 불만을 품고 있었던 것으로 파악되었다.

사건 결과

2019년 4월 10일, 살인 혐의로 기소된 박○○의 첫 공판 준비 기일에 박○○는 참석하지 않았으나 모친이 증인으로 나섰다. 아들이 큰 죄를 저질렀다는 것을 인식하지 못하는 점을 안타까워하며 법이 허용하는 한에서 아들의 치료를 원한다고 했다. 박○○는 다섯 살까지 말을 제대로 하지 못하는 등 경증자폐가 있었다고 진술하며 이혼한 전남편이 자신에게 칼을 들이댔을 때 박○○가 이 장면을 목격한 적이 있고, 초등학교 때 같은 반 아이들에게 집단 괴롭힘을 당했다고 했다. 군대를 제대한 후에는 모친인 자신에게 폭력적인 성향을 보여 이를 견딜 수 없어 따로 살기 위해 얻어준 원룸에서 옆집 거주자가 벽을 뚫고 나온다는 환청과 환시를 겪었다고도 했다. 결국 병원에 강제로 입원시켰지만 약을 모두 버리는 등 소용이 없었다고

♀ 조준혁 기자, '정신질환 탓 범행…경찰 '임○○ 교수 피살사건' 피의자 檢 송치', 아시아투데이, 2019. 1. 9.

진술했다. 사건 당일 경찰에 면회를 갔을 때 박○○는 “대한민국에서 이 일을 시켰다”며 면회를 거절했다고 밝혔다.♀

5월 1일, 서울중앙지방법원에서 열린 공판에서 검찰은 박○○에게 무기징역을 구형하며 30년간 위치추적 전자장치 부착 명령을 선고해 달라고 재판부에 요청했다. “죄 없는 의사를 잔혹하게 살해했지만 죄책감을 느끼지 않고 반성하지 않는다”며 “살인 범죄를 다시 저지를 위험성과 공격성도 매우 높아 보인다”고 덧붙이는 한편 “피고인에게는 적절한 치료가 필요하다”며 치료감호도 청구했다.♀♀

5월 17일, 서울중앙지방법원 형사합의27부는 박○○에 대한 1심 판결에서 징역 25년형과 20년간 치료감호, 위치추적 장치 부착을 선고했다. 재판부는 “자신을 치료하던 의사를 잔혹하게 살해해 유가족과 국민들에게 큰 충격을 준 만큼 중형이 불가피하다”며 “하지만 정신질환을 앓고 있다는 점은 감안해야 한다”고 판시했다. 변호인은 박○○의 성장 과정이 불우했으며 정신장애로 분별 능력이 부족했던 만큼 선처해야 한다고 호소한 바 있다. 이에 대해 재판부는 “사회에서 영원히 격리시키는 것이 마땅하다고 고민했다. 하지만 정신질환이 범행에 가장 큰 원인이 됐다는 것을 생각해야 한다”고 심신미약을 인정했다. 10월 25일에 열린 2심에서 서울고등법원 형사6부 또한 1심과 동일한 징역 25년형을 선고했다.

♀ 구동환 기자. '대학병원 의사 살인사건 후일담', 일요시사, 2019. 4. 15.

♀♀ 윤세호 기자, '검찰, 임○○ 교수 살해범 무기징역 구형', 의협신문, 2019. 5. 2.

PROFILING CASE STUDY

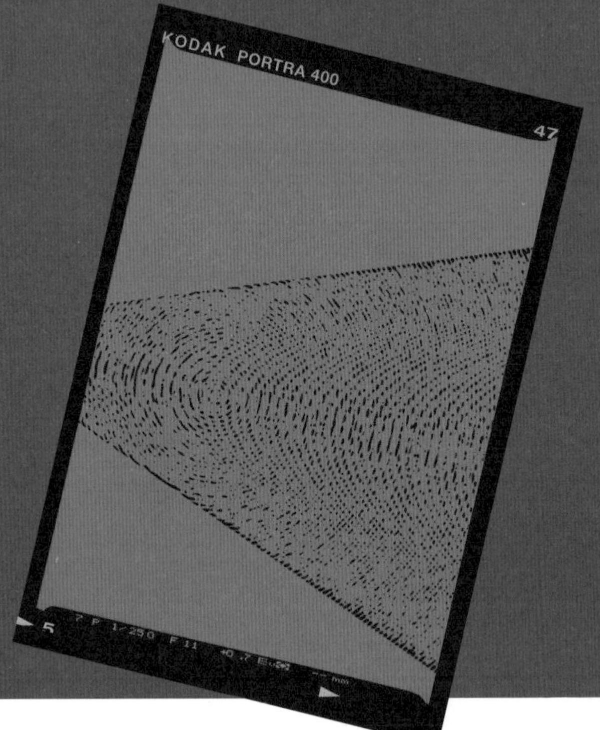

증오범죄

6

실체 없는 증오, 공격으로 나타나는 범죄들

증오범죄는 인종, 종교, 성별, 직업 등에 대한 혐오에 의해 발생하는 범죄를 뜻한다. 외국에서는 이를 헤이트 크라임(Hate Crime)이라 지칭한다. 특히 최근 들어 코로나19 상황 속에서 미국 전역에 아시아인을 대상으로 한 증오범죄가 급증하고 있다. LA카운티 지역은 연례 증오범죄 보고서를 통해 아시안 증오범죄가 2020년 76%가 증가했으며 이 중 대다수가 신체적 폭력을 동반한 것으로 나타났다고 발표했다. 이는 2018년에 비해 58% 증가한 수치라고 덧붙였다. 칼스테이트 샌버나디노 대학의 증오극단주의 연구센터가 집계한 증오범죄 증가 수치는 뉴욕의 경우 223%, 샌프란시스코의 경우 140%에 달했다.[♢]

증오범죄는 1982년 백인에게 무차별 폭행을 당해 사망한 인종 증오범죄 빈센트 친 사건, 1999년 4월 미국 콜로라도주에서 발생한 소수 인종과 종교적 편견에서 비롯된 교내 무차별 학살 행위, 2015년 미국 오리건주 소재 한 대학에서 10명이 사망한 종교적 배경의 총기 난사 사고, 2015년 미국 사우스캐롤라이나 주의 흑인 교회 총기 난사 사건, 2019년 8월 미국 텍사스주에서 발생한 엘파소 총기 난사 사건 등을 들 수 있다.

♢ 구자빈 기자, 'LA 아시안 증오범죄 76% 급증', 한국일보, 2021. 10. 21.

증오범죄는 가해자가 지닌 편견이 동기화되어 발생한 형사 범죄로 편견 범죄라고 불리기도 한다. 묻지 마 범죄가 증오범죄로 발전할 수 있는 가능성이 있는데 실제로 묻지 마 범죄로 분류된 범죄 가운데 여성과 같은 집단에 대한 증오가 범행 동기로 추정되는 사건을 찾아볼 수 있다. 또한 한국 사회에 거주하는 외국인이나 외국인 귀화자의 수가 늘어나면서 이주민에 대해 막연한 증오나 두려움을 갖는 제노포비아 현상이 나타나고 있다.

우리나라의 경우에도 반다문화 담론이 늘어나고 있으며, 극단적인 폭력을 용인하는 주장까지 발견되곤 한다. 온라인을 중심으로 혐오 표현과 차별 선동이 증가하고 있는 것에 주목할 필요가 있다. 이러한 상황을 고려하면 우리도 증오범죄를 예방하는 데 적극 나서야 할 필요가 있다. 우리 사회가 이러한 범죄를 용납하지 않는다는 사회적 메시지를 전달해야 한다. 피해자의 사회에 대한 신뢰 회복에 도움을 주고, 피해자가 속한 집단 구성원이 지닐 수 있는 잠재적 범죄 피해에 대한 불안을 줄여야 한다.♢ 우리나라에서는 아직 전형적인 형태의 증오범죄는 드물다고 볼 수 있지만 향후 증오범죄가 사회적 문제로 부각될 수 있는 가능성을 배제할 수는 없기 때문이다.

♢ 조계원(2017), 「한국에서 증오범죄의 가능성과 규제 방안」, 논문 초록

우리나라의 유사 증오범죄

우리나라에서는 아직까지는 뚜렷한 증오범죄가 나타나지는 않고 있다. 그러나 조현병 등의 정신질환으로 인해 왜곡된 사고로 사회와 구성원 전체를 혐오하는 유형의 범죄들이 발생하고 있다. 하지만 정신질환의 문제가 있다고 해서 위험한 사람이라 단언할 수는 없다. 정신질환은 전통적인 낙인이나 선입관 등의 문제로 인해 치료의 기회를 놓치거나 상당한 치료 비용을 감당하기 힘들어 치료가 개입되지 못함으로써 가족과 사회로부터 고립된 상황에서 편집증적인 성향이 짙어지는 경우가 많다. 이로 인해 타인과 사회에 대한 혐오감이 증폭되어 공격적인 반응을 나타내는 사례들이 있다.

대표적으로 꼽히는 사건이 정신장애 범죄 케이스로 언급한 강남역 살인사건이다. 이 범죄자는 고등학교 때 가정 내 불화, 학교폭력 등의 충격으로 조현병 증상을 나타내기 시작했다. 하지만 부모의 보호 조치가 미흡했던 점이 있었고 가출해 찜질방 등에서 홀로 생활하다 식당에 취직을 했으나 편집증적인 망상이 심해지기 시작했다. 자신을 바라보는 사람들에 대한 혐오가 깊어졌고 급기야 여성을 살해하는 사건을 저질렀다. 당시 현장에 설치되어 있던 CCTV를 통해 화장실을 드나드는 남성들은 공격하지 않고 기다리던 끝에 여성을 공격한 것을 확인할 수 있었다. 피해자가 여성이라는 점에서 여성 혐오가 아니냐는 시각이 있었지만 실상은 자신보다 약한 상대인 여성을 공격한 것이다. 이 같은 망상은 실체가 없으며 단지 자신이 위험한 상황으로 여겨 폭력적으로 나타나는 경우가 많다. 정신질환은 하루 빨리 치료가 개입되어야 한다는 사실을 보여주는 대표적인 사건이라고 할 수 있다.

케이스
1

흑인 교회 총기 난사 사건

2015년 6월 17일, 미국 사우스캐롤라이나주의 한 교회에서 총기 난사 사건이 발생했다. 이날 오후 9시쯤 한 백인 청년이 교회로 난입해 예배실에 모여 있던 신자들에게 총을 난사한 뒤 달아났다. 8명이 현장에서 사망했으며 부상을 입은 2명은 병원으로 옮겨졌지만 1명은 결국 숨을 거뒀다. 경찰은 21세 딜런 루프를 용의자로 지목, 공개수배하고 검거 작전을 벌인 끝에 노스캐롤라이나에서 검거했다. 한 시민의 제보를 받고 출동한 경찰은 루프의 승용차로 접근했고 루프는 별다른 저항 없이 체포된 것으로 알려졌다.

미 법무부는 연방수사국(FBI)이 현지 경찰과 공조해 이번 사건을 증오범죄로 수사하고 있다고 밝혔다. 경찰은 이유에 대해 "희생자들을 흑인이라는 이유로 살해했기 때문"이라고 설명했다.[♀] 루프는 45

♀ 권익도 기자, '미국 흑인 교회서 총기 난사 용의자 하루 만에 검거', 브릿지경제, 2015. 6. 19.

구경 권총으로 범행을 저지른 것으로 알려졌으며, 같은 해에 마약 사용과 무단침입으로 2차례 기소된 전력이 있었다.

사건이 벌어진 이매뉴얼 아프리칸 감리교회는 19세기 흑인 저항 운동을 상징하는 장소라는 점에서 인종 증오범죄의 표적이 됐을 가능성도 제기됐다. 이 교회는 해방 노예였던 덴마크 베시 등이 1816년 설립한 곳으로 미 흑인 기독교사와 흑인 인권운동의 중요 장소이며 남부에서 오래된 흑인 교회 중 하나다. 흑인 민권운동가인 마틴 루서 킹 목사도 이 교회에서 연설한 것으로 알려졌다.♀

며칠 후인 20일에는 루프가 작성한 것으로 추정되는 선언문이 한 사이트에서 발견됐다. 현지 언론은 "총기 난사 사건 피의자 딜런 로프가 만든 것으로 보이는 '마지막 로디지아인(The Last Rhodesian)'이라는 이름의 사이트가 발견됐다"고 전하며 "흑인을 열등한 존재로 비난하고 백인 우월성을 조장하는 2,500단어 분량의 글이 게시되었다"고 보도했다. 보도 후 이 사이트는 접속이 차단됐다. '로디지아(Rhodesia, 현 짐바브웨)'는 1894년 백인 식민주의자 세실 존 로즈를 비롯해 소수 백인이 잠비아, 짐바브웨 등 중앙아프리카에서 일방적으로 독립을 선언할 때 사용했던 이름으로 흑인 차별과 관련된 단어다.

선언문에는 "우리는 '스킨헤드'도, 진짜 'KKK'도 없고 다들 아무

♀ 권이선 기자, '美 찰스턴 흑인 교회서 백인 총기 난사', 세계일보, 2015. 6. 18.

것도 하지 않고 인터넷에서 떠들기만 한다"며 "누군가는 그것을 진짜 세계에서 감행하는 용기를 가져야 하고 그것은 내가 되어야 한다"고 적혀 있었다. 또한 "트레이번 마틴 사건이 나를 일깨웠다"며 "조지 지머먼이 옳았다는 것은 확실하며 더 중요한 것은 내가 '백인 상대 흑인 범죄'를 검색하게 된 것이고 그날 이후 나는 예전의 나와 같을 수 없었다"고 적혀 있었다. 조지 지머먼은 자경단원으로 일하던 2012년 2월 미 플로리다주 샌퍼드에서 비무장 흑인 청년 트레이번 마틴과 다투던 중 총격을 가해 마틴을 숨지게 한 인물이다. 그리고 "나는 선택의 여지가 없다"면서 "나 혼자 게토(주로 흑인들이 모여 사는 빈민가)에 가서 싸운다. 찰스턴은 내가 사는 주에서 가장 역사적인 도시이고 한때는 흑인들이 가장 많이 사는 동네였기 때문에 선택했다"고 적었다.♀

선언문과 함께 사진 60여 장이 게시되어 있었는데 그중 왼손에 남부연합기를 들고 오른손에는 권총을 들고 있는 루프의 사진이 발견됐다. 남부연합기는 미국 남북전쟁 당시 노예 소유를 인정한 남부연합 정부의 공식 깃발이다. 범행에 사용한 권총을 입수한 경위에 대해서는 범행 초기에 부친에게 생일 선물로 받았다고 알려져 있었지만 이는 사실이 아니며 자신이 직접 구입한 것으로 "총격을 통해 인종 전쟁을 시작하기 위해서였다"고 자백했다.

♀ 최서윤 기자, '미국 흑인 교회 총기 난사 犯 '선언문' 추정 웹사이트 발견', 아주경제, 2015. 6. 21.

사건 결과

루프는 보석 여부를 판단하는 화상 약식재판에 모습을 드러냈다. 제임스 고스넬 판사는 루프의 무기 소지 혐의에 대해 100만 달러(약 11억 8천만 원)에 보석을 허가했지만 살인 혐의에 대한 보석 여부는 다시 다뤄야 한다고 했다.♀

루프는 재판 과정에서도 "해야 할 일을 한 것뿐"이라며 전혀 반성하지 않았고 2017년 1월 11일, 1심 법원은 사형을 선고했다. 연방 증오범죄 혐의로는 처음으로 내려진 사형선고였다. 2020년 2월 26일 한 언론보도에 따르면 인디애나주 연방 교도소에 수감 중인 루프가 부당한 대우를 받고 있다는 편지를 언론사에 보내 단식 투쟁을 하고 있다는 사실을 알렸다. 교도소 직원들이 자신을 괴롭히고 있다는 내용의 편지를 AP 통신에 발송했고 AP통신이 이를 보도했다. 편지에는 이유 없는 언어폭력과 괴롭힘 때문에 가혹한 처우가 계속되고 있다는 주장도 적혀 있었다. 13일자 편지에 단식 중이라고 적었으며 16일 후속 편지에는 교도소 측이 강제로 주사제를 투입한 뒤 의식을 잃어 단식 투쟁을 중단할 수밖에 없었다고 주장했다. 변호인 측은 이로부터 한 달 전, 루프가 정신질환 진단을 받았기

♀ 강혜진 기자, '美 흑인 교회 총기난사 유가족들, 범인 용서한다', 크리스천투데이, 2015. 6. 20.

때문에 사형은 부당하다는 문건을 연방법원에 제출했다.[♀] 하지만 2021년 8월 25일에 진행된 항소심에서 재판부는 루프에 대한 사형 판결이 합당하다며 원심을 유지했다.

♀ 김정우 기자, '총기 난사 사형수 '단식 투쟁', voakorea, 2020. 2. 26.

케이스
2

샤를리 에브도 총격 테러 사건

2015년 1월 7일, 프랑스의 풍자 주간지 「샤를리 에브도(Charlie Hebdo)」의 파리 사무실에 테러가 발생했다. 이 테러로 인해 사무실에 있던 직원과 경찰 12명이 현장에서 사망했으며 4명은 즉시 병원으로 이송됐으나 중태에 빠졌다.

「샤를리 에브도」는 1960년에 창간한 풍자 월간지 「하라키리(Hara-Kiri)」를 계승한 잡지로 알려져 있으며 「하라키리」는 1프랑의 싼값에 '바보 같고 심술궂은 잡지'를 표방하며 좌충우돌하는 정치풍자로 명성을 얻어왔다. 1961년과 1966년 두 차례 정간됐다가 1970년 샤를 드 골 전 프랑스 대통령의 죽음을 조롱하는 기사 제목으로 인해 폐간됐다. 그리고 이 「하라키리」의 정신을 이어받아 1969년 「샤를리 에브도」가 탄생했다. 하지만 영업 악화로 인해 1982년에 폐간되었다가 1992년에 재창간했다.

「샤를리 에브도」는 오랜 세월 동안 대상을 가리지 않고 신랄하게 풍자를 해오며 우여곡절을 겪은 잡지다. 특히 2006년부터 이슬람 풍자 만평을 게재하면서 이로 인해 논란에 시달려 왔는데 '무함마드는 근본주의자들에게 압도당했다'는 제목으로 이슬람교 창시자인 무함마드가 눈물을 흘리는 모습이나 다이너마이트가 꽂힌 터번을 두른 무함마드 캐리커처 등 이슬람권을 비판하는 12편의 만평을 싣기도 했다. 이때 무함마드의 캐리커처를 게재한 잡지는 30만 부가 넘게 팔린 것으로 알려졌다. 프랑스의 이슬람 문화 자문위원회는 당시 잡지 판매 금지와 함께 작가들이 무함마드 캐리커처를 그리는 것을 막아야 한다는 소송을 제기했지만 법원에서 기각됐다.[♀]

2011년 11월, 튀니지에서 아랍근본주의자당이 집권하자 「샤를리 에브도」는 '샤리아(율법이라는 뜻의 아랍어) 에브도'라는 제목으로 특별판을 발행하고 또 한 번 무함마드의 캐리커처를 실어 「샤를리 에브도」의 파리 사무실은 방화로 인해 잿더미로 변했고 인터넷 사이트는 해킹당했다. 하지만 이에 굴하지 않고 줄곧 언론의 자유를 외쳤으며 여기에서 멈추지 않고 2012년 9월, 무함마드와 유대교 성직자가 "조롱하면 안 돼!"라고 말하는 그림을 게재했다. 그리고 2012년 9월에는 무함마드가 휠체어에 올라타 있는 모습을 비롯해 엉덩이를 드러내는 모습에 자극적인 제목의 칼럼을 게재해 이슬람교도들의 반발을 샀다. 결국 트위터를 통해 IS의 지도자인 아부 바쿠르

♀ 권재현 기자, '엉덩이 드러낸 무함마드 만화까지…佛 샤를리 에브도'는 어떤 잡지?', 동아닷컴, 2015. 1. 7.

알바그다디를 풍자하는 만평을 게재한 이후 테러를 당했다. 샤를리 에브도 테러가 벌어진 지 4개월 후, 「샤를리 에브도」의 대표 만화가인 레날 취지에는 한 언론사의 인터뷰를 통해 "동료를 잃은 슬픔을 참을 수 없다"며 사의를 표명했다.

사건 결과

사건이 발생하고 며칠이 지난 1월 11일 34개국 약 40여 명의 국가 지도자와 수많은 시민이 프랑스 파리에 모여 테러를 규탄하고 샤를리 에브도 테러 희생자를 추모하는 행진을 벌여 전 세계의 주목을 받았다. 그리고 예멘에 본부를 둔 국제 테러 조직 예멘 알카에다 아라비아반도지부(AQAP)가 샤를리 에브도 테러 발생 이후 1월 14일 동영상을 공개해 자신들이 테러 배후임을 처음으로 인정했다.

사건 직후 400만 명 이상의 파리 시민들이 거리로 나와 차분한 분위기 속에서 표현의 자유를 주장하는 시위를 벌였지만 다음 날 일부 학생들은 희생자를 추모하기 위한 1분 묵념을 거부했다. 이들의 논거 중 하나는 프랑스 내 표현의 자유에 적용되는 이중 잣대였다. 우리는 중동에서 고통 속에 죽어가는 수많은 사람에 대해서는 침묵으로 일관하면서 왜 유독 이 사건에만 예민하게 반응하는 것일까? 「샤를리 에브도」는 유태인에 대한 비판에는 소극적이었으면서 왜 이슬람의 성스러움을 모독하는 데는 아무런 거리낌이 없었던 것일까? 프랑스의 교육부 장관 나자 발로벨카셈(Najat Vallaud Belkacem)은 이러한 질문의 중요성을 인식하고 모든 학교 선생님이 이에 대한 적절한 답변을 내놓을 수 있도록 지침을 마련할 것을 지시했다.[♀]

앞선 9월에는 코코라는 이름으로 활동한 카투니스트 코린 레이의 증언이 언론에 보도되었다. 샤를리 에브도 테러의 생존자였다. 파리 법원에서 열린 테러 지원 혐의자 14명에 대한 재판에서 생존자 코린 레이가 한 증언이었다. "전 공포와 절망감으로 얼어붙은 채 출입문 코드를 눌렀습니다. 옆에 있던 테러리스트들이 점점 흥분하고 있다는 게 느껴졌어요."

샤를리 에브도 테러 범인들은 알제리계 이민자인 사이드 쿠아치, 셰리프 쿠아치 형제로 테러 다음 날에는 쿠아치 형제와 공모한 것으로 알려진 아메드 쿨리발리가 유대인이 운영하는 식료품점을 습격해 4명이 희생됐다. 이들은 경찰의 추격 끝에 사망했다. 파리 법원은 2020년 9월 2일 테러범에게 무기와 자금, 차량 등을 지원한 혐의를 받고 있는 14명에 대한 재판을 진행했다.

코린 레이는 증언을 통해 사건 당일, 테러범들이 사무실에 들어가자마자 총을 쏘았고 총격이 이어졌다고 전했다. 테러는 이슬람 극단주의의 영향을 받은 이민자들이 저지른 것으로 확인됐지만 정확

♀ 브누와 브레빌, '이슬람 포비아의 위험성', 르몽드디플로마티크 2015. 2. 2.

한 배후는 아직까지 밝혀지지 않았다. 테러 발생 후 예멘 알카에다가 자신들이 카우치 형제를 지원했다고 주장했지만 실제 쿨리바리는 IS와 연관이 있는 것으로 드러났다. 사건이 발생한 지 5년 만에 열린 재판에서는 배심원이 아닌 특별재판부가 재판했다. 피고인은 남성 13명, 여성 1명이며 최연소 피고인은 29세, 최고령자는 68세였다. 전문가들은 이들이 20년 이상의 징역형을 받을 것으로 내다봤다.♢

12월 16일 법원은 쿠아치 형제와 쿨리발리에게 무기를 조달한 혐의로 기소된 알리 리자 폴라와 쿨리발리의 여자 친구 하얏 부메디엔느에게 각각 징역 30년형을 선고했다. 부메디엔느는 테러 발생 후 시리아로 도주해 현재 소재가 파악되지 않고 있으며, 핵심 공범으로 밝혀진 모하메드 벨후세인에게는 종신형을 내렸지만 그는 이미 사망한 것으로 알려져 있다. 벨후세인을 포함한 3명은 행방불명 상태로 궐석 재판을 받았다. 나머지 공범들에 대해서는 각자 저지른 범죄의 무게에 따라 20년, 18년, 13년형, 8년형, 4년형 등이 선고됐다.♢♢

♢ 장은교 기자, '담배 피우다 마주친 테러범들, 절망감에 얼어붙어…샤를리 에브도 테러 생존자들이 5년 만에 밝힌 그날의 진실', 경향신문, 2020. 9. 9.

♢♢ 이종섭 기자, '프랑스, 샤를리 에브도 테러 공범에 최대 종신형', 경향신문, 2020. 12. 17.

PROFILING CASE STUDY

사이코패스와 성격장애

7

도구보다 심리를 이용하는 범죄자들

사이코패스들은 굉장히 본질적인 특징을 나타낸다. 대표적인 특징은 사람을 통제하고 조종하는 사고의 각성이 굉장히 높아져 있다는 것이다. 그래서 늘 자기 주변에 있는 사람을 통제하거나 어떤 방식으로든지 조종하려는 생각을 갖고 있다. 특히 공감능력, 사람의 감정을 교류하는 능력이 굉장히 떨어지기 때문에 타인의 고통을 잘 받아들이고 이해하지 못해 끔찍한 범죄를 저지르기도 한다. 한국 사회를 공포에 몰아넣었던 많은 범죄자 중 강호순은 성범죄를 비롯해 피해자를 고통스럽게 공격하며 살인을 저질렀다. 이 사건으로 굉장히 많은 논란이 일었다. 사람들이 실종되고 있는 상황에서도 사건이 멈추지 않고 벌어지고 있었기 때문인데 수사팀은 이 범죄의 실체가 무엇인지, 그리고 어떤 방식으로 범죄가 이루어지는지 등에 대해 많은 고민을 하며 추적해 나가야 했다.

2007년 전라남도 보성에서 일어난 사건 또한 의아한 사건 중 하나였다. 두 차례에 걸쳐 4명의 피해자가 억울하게 사망한 사건으로, 피해자는 대부분 젊은 청년들이었다. 범인은 보성으로 여행 온 대학생 남녀를 배에 태운 후 여학생을 성추행할 목적으로 남학생을 바다에 빠뜨렸다. 남학생이 배를 붙잡으려 하자 배 안에 있던 어구를 이용해 신체를 찍고 밀어내는 등 배에서 멀리 떨어지도록 했다. 그리고 여학생을 성추행하려다 반항하자 역시 바다에 빠뜨려 사망에 이르게 했다. 이어 다음 달에도 같은 수법으로 여대생 2명을 살해했다.

범인은 체포됐지만 끝까지 부인하고 있었다. 범인이 체포됨으로써 사건은 해결됐지만 프로파일러들은 이 사건이 어떤 방식으로 이루어졌는지, 왜 피해자들은 이 같은 방식으로 살해당했는지 분석하기 시작했다. 다음 유사 사건이 발생했을 경우 빨리 대응할 수 있는 단서가 될 수 있기 때문이다.

실제 범행이 일어난 배는 아주 작은 배로, 이 안에서 어떻게 사건이 일어날 수 있었는지 의아할 정도였다. 그때 한 마을 주민이 다가왔다. 아무리 힘이 좋은 장정이라도 이 배를 타고 바다 한가운데 나갔다가 파도에 출렁거리기 시작하면 움직이기는커녕 꼼짝없이 앉아 있을 수밖에 없다는 이야기를 해주었다. 그 순간 알게 된 것이 있었다. 피해자들은 위협적인 완력에 의해 지배당하거나 공격해 오는 범인에 대해 완벽하게 심리적인 두려움을 갖게 된다는 것이다. 범행을 저지르는 사이코패스들은 피해자가 자신의 통제에 완벽하게 들어올 때까지 교묘한 수법으로 피해자들을 유인하기도 하고 자기 통제 하에 두기 위한 노력을 하는 것이 과거에 발생했던 범죄와의 차이점이라는 것을 깨달았다.

예를 들어 어구와 같은 배 안에 있는 물건들은 바다에 나갈 때 사용해야 하는 도구로 배 안에 당연히 갖추고 있어야 할 것임에도 불구하고 이 같은 생경한 물건에 대해 피해자들은 공포를 느낀다는 사실이다. 범행 도구를 사용해 피해자를 위협해 공격하는 방식에서 상황을 이용한 범죄로 발전된 것이다.

강호순은 실제 피해자를 자신의 차에 태운 후 이동해 범죄를 저지르는 방법을 사용했다. 그렇다면 피해자들은 왜 낯선 이의 차를 탄 것인지 의문이 들었다. 범죄 현장을 찾아가 보니 그곳은 버스의 배차 간격이 무척 길고 다소 외진 곳이었다. 그리고 피해자들이 실종된 날짜의 기온을 분석해 보았더니 모두 영하 10도를 웃도는 무척 추운 날이었다. 버스 도착 시간은 먼 데다 굉장히 추운 날씨에 버스정류장에 누군가 서 있으면 지나가던 동네 사람들이 너나 할 것 없이 차를 태워주는 문화가 자연스럽게 자리 잡은 곳이었다. 나 또한 피해자들이 실종된 버스 정류장에 한참을 서 있었더니 차 한 대가 정차하고는 "추운데 여기 계시지 말고 제가 저기 큰길까지 모셔다 드릴게요"라는 제안을 받았다. 범죄자들은 이렇게 상황을 이용해 범죄를 저지른다는 것을 깨달았다.

보성에서 일어났던 사건 또한 이와 같은 맥락이다. 바다 한가운데에서 배가 출렁거리기 시작하면 사람들은 난간을 붙잡은 채 움직이지 못하는 동시에 심리적인 틀 안에 갇힌다. 이 사건의 범인은 당시 70세였다. 오랫동안 그 배 안에서 많은 활동을 하고 살아왔기에 웬만한 파도에도 자유롭게 신체활동을 할 수 있었다. 그래서 범행에 쓰려고 준비한 것이 아닌 도구임에도 불구하고 어구와 같은 도구를 들고 있는 것만으로도 피해자들은 이미 굉장한 두려움에 싸이게 되어 합리적이지 않은 판단을 하게 되고 저항하지 못하는 극도의 공포 상황에 빠지는 심리적 변화를 일으키게 된다. 이 두 가지 사건 모두 피해자들을 자신의 의도 안으로 유인할 때까지 많은 것을 베풀며 친절한 사람으로 위장해 조종하려는 범죄의 특징을 갖는다. 그리고 또 한 가지 특징은 물리적인 힘과 공격보다는 상황을 이용해 피해자들을 통제했다는 것이다.

나는 지금 누군가에게 통제당하고 있는가

프로파일러가 사건에 투입되면 범죄자를 분석하는 것도 굉장히 중요하지만 피해자들이 어떤 심리 상태를 갖고 있었는지, 저항할 수 있었음에도 불구하고 왜 끔찍한 피해를 당했는지에 대해 면밀히 분석하는데, 이는 범죄를 예방하거나 범인을 체포하는 데 큰 도움이 된다. 사이코패스의 범죄 사건들은 굉장히 교묘해 자신도 모르게 일어날 수 있어서 그 위험성이 유독 크다. 경제범죄와 지능범죄를 저지르는 범죄자 중에도 사이코패스가 무척 많다. 이 사이코패스들은 자신의 목표를 이루기 위해서는 때때로 사람의 목숨도 도구처럼 쓸 수 있는 사람들이다.

사기 범죄로 한 가정의 재산을 모두 편취한 후 일가족이 좌절한 나머지 극단적인 선택을 하는 상황이 벌어져도 사기를 당한 그 사람들의 문제일 뿐 자신의 잘못은 아니라고 여긴다. 극단적인 선택은 바로 본인들의 선택이었으므로 자신이 만든 상황은 아니라는 관념을 갖고 있는 것이다. 실상 사이코패스는 우리 주변에도 있다. 연쇄살인과 같은 흉악한 범죄를 저지르지 않더라도 교묘한 방법으로 많은 사람들을 굉장히 힘들게 만드는 부류다.

자유로운 관계임에도 불구하고 항상 어떤 일을 계획하고 상황을 정리하고 확인해야 하는 것이 내 몫이라면, 나아가 통제당하거나 조종당하고 있다는 생각이 들도록 만드는 사람이 있다면 사이코패스 성향을 의심해 볼 수 있다. 그렇다면 이 상황을 헤쳐가야 하는 방법은 한 가지, 단호해야 한다는 것이다. 약속 장소를 정하는 사소한 문제도 가볍게 맡아서는 안 된다. 이번 일은 당신이 해야 한다고 단호하게 의사표현을 하는 것이 중요한 태도 변화를 일으키는 단서가 된다.

사이코패스 성향이 높은 사람들은 자신이 상대방을 통제해야 하는데 통제가 되지 않고 오히려 자신이 통제를 받고 있는 상황이라고 생각하면 불편하게 생각하는 경향이 있다. 그러고 나면 더 이상 요구를 하지 않는다. 화를 내는 등의 감정 표현보다는 친절하고 온화하게 소통한다면 바람직한 방식으로 태도 변화를 일으킬 수 있다.

사람들에게 많이 받는 질문 중 하나는 사이코패스와 소시오패스의 차이점에 관한 것이다. 사실 사이코패스와 소시오패스의 차이점은 크지 않다. 그리고 이 두 성향을 굳이 구분할 이유도 없다. 모두 사람을 힘들고 불편하게 만드는 반사회적인 성향을 가진 사람들이기 때문이다.

사이코패스의 흥미로운 사실 한 가지는 아주 짧은 순간에 느닷없이 상대방을 통제하기 때문에 자신이 통제받고 있다고 생각을 거의 하지 못한다는 것이다. 프로파일러가 범죄자와 면담을 할 때 사이코패스 성향이 높은 범죄자는 심부름을 잘 시킨다는 특징이 있다. 면담 중간에 말을 끊고 요구하는 일이 빈번하다. 물 한잔을 가져다 달라거나 답답하니 담배를 피우게 해달라는 등의 요구를 한다. 그들은 그럴 때 대부분의 조사관이나 수사관이 강압적으로 안 된다고 말하지 않는다는 것을 알기 때문에 이런 부분을 이용하는 것이다. 면담하는 중에 자신에게 불리한 시점이 되면 대화의 맥락을 끊고 불편하게 만들며 심부름을 시킨다. 그들은 이와 같은 방법으로 상대방을 통제한다. 이 때문에 프로파일러들은 특히 사이코패스 성향의 범죄자들과 대화를 나눌 때는 굉장히 예민하기 마련이다. 의도적으로 그들의 통제에 따라주는 경우도 있으며 애초에 단호하게 대하는 등 전략적으로 대응한다.

심문과 면담에는 차이가 있다. 수사관들이 문답을 통해 범죄가 어떻게 벌어졌고 왜 발생했는지 범죄의 실체를 밝히는 과정을 심문이라고 한다면, 프로파일러들이 이 범죄자의 성향을 파악하고 어떤 방식으로 조사를 하는 것이 보다 더 효과적인가를 알아내기 위한 과정을 면담이라고 한다. 즉, 프로파일러들은 심문을 하지 않는다. 범죄자는 면담을 진행하는 중에 그들이 가진 많은 특성들을 자신도 모르게 드러내는 경우가 많다. 이 특성을 통해 조사가 원활하게 진행될 수 있도록 도움을 주는 것이 바로 프로파일러의 역할이다.

매력적인 제안과 친절에는 의도가 있다

사이코패스의 수법 중 하나는 '우리'라는 표현을 많이 사용한다는 것이다. 이는 사기 범죄에서도 많이 사용되는 수법 중 하나로 전혀 모르는 사람임에도 '내가 너와 한 팀이 되어 우리가 함께 이 일을 해낼 수 있을 거야'라는 방식으로 표현한다. 처음 만난 사람들도 차가 가로막혀 있다든지 하는 곤란한 상황에 함께 처하게 됐을 때 '우리 이 방법을 써보자' 하는 표현은 전혀 모르는 사람임에도 불구하고 저 사람과 내가 공통된 문제를 갖고 있다는 감정을 느끼게 된다. 그리고 이는 곧 그 사람과의 사회적 경계를 무너뜨리는 심리적 변화를 일으키게 된다.

보성에서 일어났던 사건을 되짚어보면, 범인은 관광 온 피해자들에게 자신이 지금 바닷가까지 또다시 조업을 나가야 하는 상황으로 무료로 배를 태워주고 구경을 시켜주겠다고 제안한다. 굉장히 매력적인 제안이다. 또한 어부는 무척 친절하다. 대부분의 사람들은 매력적인 제안과 함께 친절함을 베풀 때 이를 거절하면 자신이 무례한 사람이라고 생각하는 경향이 있다. 뱃삯을 지불하고 이런 배를

탈 기회도 없거니와 친절한 어르신의 제안을 거절했을 때 무례하다는 생각으로 이 상황에 빠져들게 된다. 여기에서 우리가 반드시 기억해야 할 것이 있다. 사이코패스는 사람에게 매력적이고 친절한 사람으로 보이기 위해 노력한다는 것이다. 그리고 행동에는 반드시 이유와 목적이 있다는 것이다. 결코 이유 없는 매력과 친절은 없다.

또 한 가지 수법은 질문하지 않았음에도 불구하고 굉장히 많은 정보를 제공한다는 것이다. 이때 머릿속에 일어나는 심리적 변화가 있다. 이런 정보를 자신이 모르고 있었다는 사실에 대해 부끄럽고 자신이 부족하다고 여기는 이상한 사고를 갖게 된다는 것이다. 이는 사람을 신뢰하게 만드는 이상한 심리 기제를 발동한다. 그래서 그 사람을 믿고 싶어진다. 내가 모르는 많은 것들을 알려주는 사람이라는 착각에 빠지는 것이다. 이 단계가 되면 그들은 내가 원하지 않았음에도 스스로 약속을 한다. 날이 추우니 어디까지 태워주겠다든지, 돈을 빌려주면 언제까지 갚겠다는 등의 약속은 내가 질문하지 않았음에도 스스로 제시한 약속이다. 이는 사기 범죄에서 많이 나타나는 수법 중 하나다.

빌라에 사는 한 여성이 비가 오는 날 출근을 하기 위해 집을 나섰다. 그때 빌라 앞에 낯선 자동차 한 대가 서 있었다. 자동차의 창문이 내려가고 차에 타고 있던 남성이 비가 내리고 있으니 지하철까지 태워주겠다고 한다. 이 여성은 거절하며 버스를 타러 간다고 말한다. 그러자 남성은 버스 정류장까지 태워주겠다고 말한다. 여성이 괜찮다며 만류하자 남성은 자신 또한 이 빌라에 사는 사람이며, 출근 중인데 우리의 방향이 같으니 버스 정류장에 내려주겠다고 말한다. 그때 이 여성은 굳이 거절하지 않아도 되겠다고 생각하기 시작한다. 이 남성이 이 빌라에 실제 거주하는지 확인되지 않았음에도 이 남성의 제안을 수차례 거절하는 것이 무례하다는 생각을 하게 되는 것이다. 그때 이 남성이 여성에게 "내가 나쁜 사람으로 보입니까?"라고 묻는다. 여성은 친절을 베푸는 사람을 의심하는 것이 잘못되었다는 미안함으로 그 자동차에 올라타고 만다. 사건은 이렇게 발생하곤 한다. 거절하는 것은 나쁜 것이 아니다. 반드시 매력과 친절은 의도를 가지고 있다는 것을 잊지 말아야 한다.

케이스
1

어금니 아빠 살인사건

2017년 9월 30일, 경찰서에 중학교 2학년 여학생의 실종 신고가 접수됐다. 여학생의 행적을 조사한 결과 실종 당일에 친구였던 이 양의 집에 갔던 것이 밝혀졌고 CCTV를 통해 이 양의 집으로 들어간 여학생이 다시 나오지 않은 것을 확인했다. 경찰은 탐문수사 끝에 10월 5일, 이 양의 아버지인 용의자를 자택에서 체포했다. 실종된 여학생은 강원도 영월군의 한 야산에서 주검으로 발견됐다. 용의자가 실종된 여학생을 큰 트렁크에 넣어 차에 실은 후 자동차 내에 블랙박스를 떼어내고 강원도 영월군까지 차를 몰고 간 후 시신을 유기한 것으로 밝혀졌다.

용의자는 딸 이 양과 함께 거대백악종이라는 암 질환의 일종인 희귀난치병을 앓고 있어 종양을 제거하는 수술로 인해 어금니밖에 남지 않은 상황으로 언론에 여러 차례 등장해 '어금니 아빠'로 알려진 35세 이○○였다. 딸의 수술비를 마련하기 위해 방송에 출연해 많은 사람들의 도움을 받았으며 자신과 딸의 처지를 담은 책을 출간하기도 했다.

사건 분석

피해 학생과 이 양은 각별했던 친구 사이였던 것으로 밝혀졌다. 사건 당일 피해자는 친구인 이 양의 연락을 받고 이 양의 집에 놀러 왔다가 참변을 당했다. 이○○는 체포 당시 딸과 함께 자택에서 수면제를 과다 복용한 상태로 발견됐다. 이○○는 시신을 유기한 장소 등은 진술했지만 자신이 자살하려고 둔 약을 딸 친구가 먹었다고 살인을 부인했다. 이어 이○○가 딸 이 양과 함께 차 안에서 촬영한 동영상도 공개됐다. 동영상에는 "내가 자살하려고 둔 약을 딸 친구가 모르고 먹었다"는 내용이 담겨 있었으며 "아이가 죽자 어떻게 해야 할지 몰라 시신을 유기했다"고 밝혔다. 하지만 경찰은 이○○의 범행 당시 도주를 도운 공범을 밝혀내고 박○○ 또한 구속했다.

경찰이 국립과학수사연구원에 의뢰해 숨진 여학생의 시신을 부검한 결과 끈과 같은 도구에 의해 목이 졸린 흔적이 발견됐다. 또한 범행에 이용한 끈과 지문을 감추기 위한 장갑이 현장에서 발견되는 등 계획적인 살인 정황이 드러나기 시작했지만 이○○는 범행 동기에 대해 침묵했다.

10월 11일, 이○○는 딸 친구를 숨지게 하고 시신을 유기한 혐의를 인정했다. 딸에게 친구를 집으로 유인하도록 지시한 사실도 드러났다. 이○○가 딸을 밖으로 보낸 뒤 잠든 딸 친구를 목 졸라 숨지게 했으며, 이 양 또한 4시간 동안 다른 친구와 시간을 보낸 후 돌아오니 친구가 죽어 있었다고 진술했다. 이에 경찰은 범행에 가담한 이 양에 대해서도 구속영장을 신청했지만♀ 법원은 이를 기각했다.

한 매체는 "눈물로 딸 병원비를 호소하던 딸바보 이○○, 알고 보니 온몸에 문신하고 고급 외제차를 끌고 있었다"고 보도했다. 그간 경제적 어려움을 호소해왔지만 실상 고급 수입차를 끌며 호화롭게 생활해 왔으며 경찰서 관계자에 따르며 현재 외제차 2대와 국산 고급차 1대를 소유하고 있었다고 전했다. 이○○의 SNS에는 온몸에 문신을 한 사진도 게시돼 있었다.♀♀

이 사건으로 범행 20일 전 투신해 목숨을 끊은 아내 최○○의 죽음에 관해서도 재조명됐다. 최○○는 15살쯤 결혼해 17살에 아이를 낳고 살아왔으며 사망 당일 이○○와 다투다 투신했다. 목격자에 따르면 아내가 투신을 했음에도 이○○는 내려오지 않다가 주민의 신고로 구급대가 도착해서야 밖으로 나왔으며 아내에게 심폐소생술이 이루어질 당시에도 담배를 피우거나 휴대전화를 보고 있었다. 아내의 유서는 자필이 아닌 프린트물이었으며 아내에게 염을 하며 녹

♀ 신지원 기자, '어금니 아빠 이○○, 살인 혐의 자백…딸도 영장 신청', YTN, 2017. 10. 11.

♀♀ '어금니 아빠', SNS에 공개한 사생활?…온몸에 문신+고급 외제차', 스포츠조선닷컴, 2017. 10. 18.

화했다는 점 등이 의심스러운 부분으로 남았다. 하지만 아내의 사망은 자살로 종결됐다. 아내가 사망한 지 하루 만에 직접 염을 하는 영상을 방송사에 보내며 3,500만 원의 장례 비용을 요구하기도 했으며, 성인 사이트에 동거녀를 구하는 글을 게재한 것이 드러났다. 또한 가출한 여성들을 집으로 불러들여 함께 생활한 흔적이 발견됐으며 아내에게 전신 문신을 하도록 하고 성매매를 시켰던 사실도 확인됐다. 이○○는 강남에서 1인 퇴폐 안마방을 운영, 홍보했다고 한다.

사건 결과

11월 17일에 열린 첫 재판에서 이○○는 딸의 친구를 유인해 성추행하고 살해한 혐의를 인정했다. 수면제가 든 음료를 마신 후 잠이 든 딸의 친구를 상대로 성추행을 하다 잠에서 깨어나자 목을 졸라 살해한 것으로 밝혀졌다. 범행 당시 환각제에 취해 심신미약 상태였다고 주장하며 무기가 아닌 징역형을 선고해 달라고 호소했다. 피해자에게 용서를 구하고 싶다며 희망이 있는 삶을 살고 싶다고 밝혔다.

12월 12일에 열린 딸의 재판에 증인으로 나온 이○○는 딸 이 양이 자신의 지시에 따른 이유에 대해 “예전에 내가 화가 나서 키우는 개를 망치로 죽이는 모습을 딸이 봤기 때문인 것 같다”고 말했다. 이 양 또한 아빠의 지시에 맹목적으로 따른 이유에 대해 “혼날까 봐

그랬다"고 말했다.[♀] 이 양의 변호인에 따르면 이○○는 초등학교 때부터 딸을 한 달에 두 번 이상 폭행했다고 전했으며 이 양은 가방으로 머리를 맞은 사실이 기억에 남는다고 말했다. 이○○는 평소 정신이 나가면 화를 주체할 수 없이 크게 낸다며 딸은 이것을 알고 무서워했을 것이라고도 했다. 검찰이 확보한 차량 블랙박스 녹취 파일에는 딸 이 양에게 범행을 도와주면 2,000만 원가량의 돈을 준다며 범행을 강요한 정황이 담겨 있었다.[♀♀] 또한 수면제가 든 음료수를 피해자에게 건넨 것도 이 양이었다. 이○○가 영상으로 유서를 촬영할 때도 옆자리에 딸이 있었고, 시신 유기 현장에도 딸이 함께했다.

2018년 1월 30일, 1심 결심 공판에서 검찰은 이○○에게 사형을 구형했으며, 2월 21일에 진행된 결심공판에서 "피해자를 가장 비참하고 고통스러운 방법으로 살해하는 등 추악하고 잔인하다"며 법정 최고형인 사형을 선고했다. 이 양에게는 "피해자가 한 사람의 인간이란 것도 근본적으로 망각하고 자신과 이○○의 안위에만 관심을 보였다"며 장기 6년, 단기 4년을 선고했다. 5월 17일, 항소심 첫 재판에서 이○○는 사형이 지나치다고 주장했다. 지능과 성격에 결함이 있었다며 정신감정을 신청하고 딸 이 양 또한 정상적인 판단 능력이 없었다는 점을 주장하기 위해 범죄심리전문가 등을 증인

♀ 정윤식 기자, '이○○, 내가 망치로 개 죽인 뒤 딸이 날 무서워해…법원, 딸 정신감정 결정', SBS뉴스, 2017. 12. 12.

♀♀ 이선명 기자, '어금니 아빠 이○○, 키우던 개 여섯 마리 망치로 때려죽여', 스포츠경향, 2017. 12. 12.

으로 신청했다. 11월 29일, 대법원은 상고를 모두 기각했다. 검사의 상고 이유에 관해서는 "원심이 피고인에 대하여 무기징역형을 선고한 이 사건에서, 원심의 형의 양정이 너무 가벼워 부당하다거나 양형의 전제 사실의 인정에 있어 채증 법칙 위반, 법리 오해, 사실 오인 등의 위법이 있다는 검사의 상고 이유 주장은 받아들일 수 없고, 이러한 대법원 판례를 변경할 필요가 있다고 보이지도 않는다"♀고 판단했다.

이○○는 인터넷이나 방송을 통해 "거대백악종을 앓는 딸의 수술비와 치료비가 필요하다" "임플란트 비용 1억 5,000만 원이 필요하다"며 2005년부터 2020년까지 총 12억 원에 달하는 후원금을 받은 것으로 조사됐다. 또한 2005년 11월부터 2020년 10월까지 신용카드 결제로 6억 2,000만 원을 사용했고, 한 달 카드 값으로 최대 1,000만 원을 지출한 것으로 드러났다. 같은 기간 현금과 수표를 찾아 사용한 액수도 5억 6,000만 원에 달했다. 또한 딸과 모친에 보내는 편지에 '나는 살인범이다'라는 제목으로 책을 쓰고 있다고 밝히며 '책이 출간되면 학원과 집에 갈 수 있다. 1년만 기다려라. 우리가 복수해야 한다'는 내용을 적은 것으로 밝혀졌다.♀♀

♀ 대법원 2018.11.29.선고 2018도15035 판결

♀♀ 한상현 인턴기자, '어금니 아빠 살인사건 2편...이○○의 또 다른 모습', 금강일보, 2020. 6. 19.

케이스
2

노원구 세 모녀 살인사건

2021년 3월 23일, 서울시 노원구에서 어머니와 딸 2명이 살해당하는 사건이 발생했다. 경찰은 3월 25일 밤 9시쯤, 친구와 연락이 되지 않는다는 피해자 지인의 신고를 받고 출동해 노원구의 한 아파트에서 피의자인 남성을 체포했다. 경찰이 출동했을 당시 어머니와 자매는 모두 숨진 상태였다. 남성은 범행을 모두 자백한 이후 자해소동을 벌이고 병원으로 이송됐다.

세 모녀가 숨진 채 발견된 것은 25일이지만 경찰은 이틀 전인 23일, 아파트 CCTV에 용의자가 찍힌 것을 확인했다. 엘리베이터의 CCTV에 용의자가 내리는 장면이 포착된 것이다. 하지만 그 후 나가는 모습은 확인할 수 없었다. 이를 토대로 용의자는 경찰에 체포되기 전 사흘간 사건 현장에 머무른 것으로 추정했다. 아파트 주민들은 용의자와 큰딸을 연인 관계로 알고 있었으며 두 사람이 헤어지면서 일어난 사건으로 추측하고 있었다.

사건 분석

세 모녀를 살해한 남성은 25세 김○○로 3월 23일 오후 5시 30분쯤 세 모녀의 집으로 찾아가 홀로 있던 작은딸을 살해하고 밤 10시 30분쯤 어머니가 귀가하자 살해했으며, 그로부터 1시간 뒤 큰딸이 귀가하자 살해했다. 피해자의 지인에 따르면 김○○는 큰딸과 온라인 게임을 통해 만난 사이로 김○○가 큰딸에게 일방적인 호감을 가져 괴롭힌 것으로 안다고 말했다. 큰딸에게 지속적으로 만남을 요구했지만 들어주지 않았다. 큰딸이 스토킹을 당하고 있다며 만나주지 않으면 죽이겠다는 협박을 받았다는 말을 들었다고 했다. 큰딸은 3개월간 스토킹 행각에 시달렸으며 휴대전화 번호를 바꾸기도 했다.[♀] 큰딸이 지인에게 남긴 메시지에는 "자꾸 다른 전화번호로 연락이 왔다"는 말이 있었고 연락을 받지 않자 "마지막이니 잘 생각하라는 말을 했다"고 전했다.

큰딸은 1월 말부터 지인들에게 스토킹을 당하고 있다는 고민을 털어놓기 시작한 것으로 알려졌다. 집 주소를 말해준 적도 없는데 자꾸 찾아온다며 진짜 무섭다고 두려움을 호소하기도 했고, 전화를 지속적으로 피하자 집 앞에서 8시간이나 기다려 어쩔 수 없이 마주

♀ 성동권 기자, '노원 세 모녀 살해범, 큰딸 스토킹하며 3달 동안 쫓아다녔다', 인사이트, 2021. 3. 30.

쳐야 했던 일도 전했다. 김○○는 집으로 찾아가 어머니에게 자신이 큰딸의 친구라고 했으며, 큰딸의 지인에게는 연인 간에 다툼이 있었던 것처럼 포장했다.[♀] 이후 큰딸은 귀가할 때마다 김○○가 기다리고 있는 길을 피해 돌아간다며 김○○를 가리켜 "아파트 1층에서 슥 다가오는 검은 패딩"이라고 지칭하는 메시지가 공개되기도 했다.

3월 30일, 경찰은 수사 기초 자료 확보 차원에서 김○○의 집을 압수수색했다. 휴대전화에 대해서도 디지털 포렌식 조사를 진행했지만 휴대전화의 SNS 기록을 삭제한 정황이 드러났다. 자해 후 병원으로 이송됐던 김○○는 수술 후 의식은 회복했지만 중환자실에 머물고 있는 상황으로 경찰 조사가 지연됐다.

4월 2일, 김○○의 퇴원과 함께 경찰이 체포영장을 집행했고 범행 근 열흘 만에 본격적인 조사에 착수했다. 경찰은 먼저 CCTV를 통해 김○○가 엘리베이터를 타고 망설임 없이 층 버튼을 누르는 장면을 포착하고 그가 피해자의 집을 전부터 알고 있었던 것이 분명하며 집을 어떻게 알게 됐는지 수사할 것을 밝혔다.[♀♀] 김○○는 이날 약 8시간 동안 진행된 경찰조사에서 대체로 성실하게 답했으며 자신의 혐의를 인정한 것으로 전해졌다. 다음 날인 3일, 강도 높은 조사를 벌인 경찰은 김○○의 범행 방식을 볼 때 범죄심리분석이 필요

♀ 한성희 기자, '[단독] 그 남자 무섭고 두렵다…죽은 큰딸이 남긴 메시지', SBS 뉴스. 2021. 3. 31.

♀♀ 박태인 기자, '망설임 없이 층수 눌러"…세 모녀 살인 피의자 첫 조사', JTBC 뉴스, 2021. 4. 2.

하다고 보고 서울경찰청 소속 프로파일러 2명을 투입해 범행 동기 등을 집중 추궁했다.[♀]

언론보도에 따르면 김○○는 범행 직후 사건 현장에서 증거인멸을 시도한 것으로 알려졌다. 자신의 휴대전화는 물론 큰딸의 휴대전화에서도 대화 내용과 상황을 알 만한 지인들의 연락처를 삭제한 것이다. 큰딸이 지인과 나눴던 SNS 대화를 삭제하고 자신을 알고 있던 사람들을 친구 목록에서 삭제하기도 했다. 큰딸의 휴대전화 잠금 해제 시스템은 비밀번호 입력이 아닌 지문 인식이었다.[♀♀]

김○○는 경찰조사를 통해 퀵서비스 기사로 가장해 초인종을 눌렀고, "물건을 두고 가라"는 작은딸의 말에도 문이 열릴 때까지 기다렸다가 집 안으로 침입, 세 모녀를 살해한 뒤 범행 현장을 나오지 않고 자해를 시도한 것으로 알려졌다. 자해 후 갈증이 심해 집에 있던 술과 음식을 먹었다고 진술했다. 또한 "온라인 게임을 통해 알게 된 큰딸이 연락을 받지 않고 만남을 거부해 앙심을 품고 범행을 저질렀다"고 말한 것으로 알려졌다.

이 사건이 수면 위로 떠오르자 범인의 이름과 얼굴 등 신상을 공개하라는 청원 게시글에 25만 명이 넘은 누리꾼이 동의하면서 서울경찰청은 신상정보공개 심의위원회를 통해 김○○의 이름과 출생

♀ 조지현 기자, '노원 모녀 3명 살해 피의자 구속영장 신청', KBS NEWS, 2021. 4. 3.

♀♀ 김수근 기자, '휴대전화 잠금 풀고…증거 없애려 메시지 삭제', MBC뉴스, 2021. 4. 3.

연도, 주민등록상의 사진을 공개했다.

언론 보도에 따르면 김○○는 큰딸을 살해하려 마음먹고 집에 갔지만 처음부터 동생과 어머니까지 살해하려던 것은 아니라고 주장했다. 또한 휴대전화로 '사람을 빨리 죽이는 방법'을 검색했던 정황도 파악됐다. 범행 전후에는 '마포대교'를 검색한 흔적을 발견했으며 자해를 한 행동에 대해서는 "자다 깨다를 반복하다 목숨을 끊으려 시도했지만 실패했다"고 했다. 큰딸을 지속적으로 스토킹했던 이유는 "나를 등한시하는 이유를 묻고 싶었다"고 했고 전화번호를 변경하고 연락을 피하자 화가 나서 살해할 마음으로 범행 당일 마트에서 흉기를 훔쳤다고 했다. 작은딸이 문을 열어줘 집에 들어간 뒤 약 30분을 머무르는 동안 망설이기도 했지만 일이 커져 어쩔 수 없다는 생각으로 범행을 저질렀다고 밝혔다. 집 주소는 큰딸의 사진에 찍힌 택배상자의 주소를 보고 알게 된 것이었다.♡ 집에 침입하면서 갈아입을 옷도 준비해 갔던 것으로 드러났다. 경찰조사에서 범행 직후 피가 묻은 옷을 벗고 준비한 옷으로 갈아입었다고 진술했다.♡♡

♡ 김나연 기자, '노원 세 모녀 살인 김○○, 동생-엄마까지 살해할 생각은 없었다', 2021. 4. 5.

♡♡ 차민지 기자, '노원 세 모녀 살인 김○○, 성범죄 전과 있었다', 노컷뉴스, 2021. 4. 6.

범죄자의 특성

김○○와 학창 시절 친구라는 한 남성은 한 매체와의 인터뷰를 통해 "착한 친구였지만 장난을 치다가도 갑자기 욕을 하고 화를 냈다"며 이런 부분이 무서웠다고 말했다. 연락이 끊긴 친구들에게 잘 지내느냐는 메시지를 보내기도 했는데 실제로 만나면 "너희 집에서 잘 수 있냐, 오늘 너희 집에 가도 되냐"고 물어 부담스럽게 했다고 전했다.[♀] 조사 결과 김○○는 내성적인 성격으로 게임에 집착했으며, 아버지와 다툰 후 1년 넘게 가족과 연락을 끊고 지내왔던 것으로 전해졌다.

김○○와 훈련소 동기라고 밝힌 남성은 한 언론과의 인터뷰를 통해 "훈련소 생활을 하는 동안 물건을 훔치는 등 도벽이 있었고 자존심이 셌다"고 밝혔다. 또한 동기들의 속옷이나 활동복 같은 물품을 훔치기도 했으며 더 많은 것을 가지려는 욕심이 있었다고 말했다. 도벽과 허세를 부리는 등의 문제 외에 훈련소에서 순탄하게 생활했다고 덧붙였다.[♀♀]

김○○를 아르바이트생으로 고용한 적이 있다는 PC방 업주의

♀ 문다영 기자, '김○○, 뜬금없이 격분하던 아이…무서웠다', 연합뉴스, 2021. 4. 6.

♀♀ 김자아 기자, '동기들 팬티 훔쳤다. 세 모녀 살해 김○○ 군 시절 도벽 증언도', 머니투데이, 2021. 4. 7.

증언에 따르면 김○○는 2015년 초부터 2016년 중순까지 아르바이트를 했으며 순진하고 성실했다고 전했다. 군대를 다녀온 후 해당 PC방을 찾아온 적이 있었는데 음식을 주고 이용료도 받지 않았다. 하지만 가게에서 수차례 현금이 사라지는 일이 발생하면서 CCTV를 확인하자 김○○가 네다섯 차례에 걸쳐 현금을 가져가는 걸 확인했다. 하지만 전과가 남을 것을 고려해 경찰에 신고하지 않고 연락을 끊는 것으로 마무리 지었다. 일하는 동안 주먹으로 벽을 치는 행위 등 가끔 충동적인 행동을 한 적이 있었다고 증언했다.♡

김○○에게는 성범죄 등 3차례의 전과가 있었다. 서울중앙지법은 2021년 3월 10일, 성폭력 범죄의 처벌 등에 관한 특례법 위반(통신매체 이용 음란) 혐의로 벌금 200만 원의 약식명령을 내렸다. 그는 자신의 신음 소리를 휴대전화로 녹음한 뒤 해당 파일을 여고생에게 수차례 전송한 혐의로 재판에 넘겨졌으며, 2019년 11월에는 여성 화장실에 들어가 몰래 훔쳐본 혐의(성폭력 범죄의 처벌 등에 관한 특례법 위반)로 재판에 넘겨져 200만 원의 벌금형을, 2015년에는 모욕죄로 기소돼 벌금 30만 원을 선고 받았다.♡♡ 경찰은 김○○의 휴대전화를 디지털포렌식으로 분석한 결과 초능력으로 여성을 무력화하는 내용

♡ 김경림 기자, '세 모녀 살해 김○○와 일했던 PC방 사장, 순진했지만… 경악', 서울경제, 2021. 4. 7.

♡♡ 한민구 기자, '세 모녀 살인 김○○…범행 2주 전에도 성범죄로 벌금', 서울경제, 2021. 4. 6.

의 음란물을 자주 시청한 흔적이 발견했다고 밝혔다.[♀]

사건 결과

한 언론보도에서 김○○는 변호인과의 접견에서 "나만 살아남아 죄스럽다"며 "무고한 사람들을 죽이고 앞으로 어떻게 살아갈 수 있겠나. 살아 있는 것 자체가 죄책감이 든다" "세 명이나 사람을 죽였는데 나는 살아남았다는 게 너무 미안하고 죄송스러워서 이렇게 계속 살아도 되는 건지 모르겠다"며 괴로움을 호소했다고 전했다. "죗값을 치르고 처벌받는 것에 대해 당연하다고 생각하고 많이 반성하고 있다"고도 했다.[♀♀]

4월 9일 언론을 통해 처음 모습을 드러낸 김○○는 경찰서 앞에서 무릎을 꿇고 "이렇게 뻔뻔하게 숨 쉬고 있는 것도 죄책감이 든다"며, "저로 인해 피해를 당한 모든 분께 사죄드린다"고 말했다. 이날 경찰은 살인·절도·주거침입·경범죄처벌법(지속적 괴롭힘)·정보통신망 침해 등 5개 혐의를 적용해 서울북부지검에 송치했다.

♀ 전형주 기자, '세 모녀 살인마 김○○, 초능력으로 여성 무력화하는 음란물 즐겼다', 인사이트, 2021. 4. 7.

♀♀ 강보현, 신요일, 박성영 기자, '세 모녀 살해 혐의 김○○, 나만 살아남아 죄스럽다'. 국민일보, 2021. 4. 7.

6월 1일에 열린 첫 공판에서 김○○ 측은 "처음부터 여동생과 모친을 살해할 계획은 없었다"며 우발적 살인을 주장했다. 또한 큰딸이 만나주지 않아서가 아니라 자신을 험담해서 범행을 저질렀다고 주장했다. 유족 측은 김○○가 작은딸을 살해하기 전 퀵서비스 기사를 가장해 집을 찾아온 상황이 담긴 메시지 내용을 공개했다. 작은딸은 "퀵서비스를 시킨 적 있느냐"고 물었고 큰딸은 "아니"라고 답했다. 작은딸의 답이 없어 걱정된 어머니는 "나가봤어?"라고 물었고 작은딸은 대답이 없었다. 그리고 30분 뒤 다시 메시지를 보냈을 때 작은딸은 "응"이라고 대답했다. 평소와 달리 짧은 답장을 이상하게 여긴 어머니는 수차례 작은딸에게 전화를 걸었지만 받지 않았다.

6월 29일 2차 공판에서는 작은딸과 어머니를 살해한 후 이제 벗어날 수 없고 잡힐 것이라는 생각이 들어 범행을 계속 저질렀다고 진술했다. 범행 당일 마트에서 칼과 청테이프 등을 훔친 이유에 대해서는 "범행에 사용할 물건을 돈을 주고 사는 것이 꺼림칙했다"고 진술했다. 7월 19일 3차 공판에서 김○○의 범행 당일 행적이 공개됐으며 9월 6일 열리는 4차 공판을 앞두고 검찰은 김○○에게 전자장치부착명령을 청구했다.

2021년 9월 6일에 진행된 4차 공판에서 피의자 김○○는 우발적으로 살인을 저지른 것이라고 입장을 번복했다. 살인·절도·특수주거침입·정보통신망침해·경범죄처벌법 위반 등의 혐의로 진행된 공판에서 김○○는 큰딸에 대해서만 살해를 계획했으며 모친과 동생은 우발적으로 살해했다고 주장했다. 청테이프로 작은딸의 입을 막고 손을 묶었는데 눈을 가리려는 순간 반항이 격해져 살해했다고 말했다. 검찰이 피해자 가족 모두를 살해하려 계획했다는 애초의 증언을 번복하는 것이냐고 묻자 그렇다고 대답했다.♀

9월 13일 서울북부지법 형사합의13부 심리로 진행된 결심 공판에서 검찰은 범죄의 잔혹성과 피고인의 반사회성 등을 감안해 김○○를 법정 최고형인 사형을 선고해 달라고 재판부에 요청했다. 검찰은 "범행의 동기와 수단, 결과 등을 비춰 피고인의 범죄는 가히 반사회적 범죄로 규정될 극악한 유형"이라고 밝히며 "영원한 사회격리만이 정당한 정의 실현을 달성하기 위해 적합한 수단이라고 하지 않을 수 없다"고 설명했다. 김○○가 구속 이후 재판부에 14회에 걸쳐 반성문을 냈다는 사실이 전해지면서 공분을 사기도 했다. 김○○는 우발적인 살인이라고 주장하지만 검찰은 범행 수사 과정에서 진술에 일관성이 없다는 점과 첫 살인을 저지른 후에도 계획을 변경하지 않은 점 등을 들어 진술에 신뢰성이 없다고 반문했다.♀♀

1심 판결에서 무기징역을 선고받은 김○○는 10월 19일 1심 재판부인 서울북부지법 형사합의13부에 항소장을 제출했다. 1심 재판부는 "가족 살해 범행이 우발적으로 보이지 않으며, 피고인의 범

♀ 박홍주 기자, '세 모녀 살인' 김○○, 우발적 살인 주장…유족 측 증인 실신', 매일경제, 2021. 9. 6.

♀♀ 김영규 기자, '노원구 세 모녀 살인사건 김○○ 1심서 사형 구형', 국제신문, 2021. 9. 13.

행은 극단적 인명 경시 성향을 드러낸 것"이라면서도 "다른 중대 사건과 양형 형평성을 고려하면 사형을 정당화할 객관적 사정이 있다고 단정할 수 없다"고 무기징역 양형 사유를 밝힌 바 있다. 사형을 구형했던 검찰 또한 같은 날 항소장을 제출했다. 아직 판결이 확정되지 않은 사건인 만큼 많은 이들의 주목과 관심이 필요한 사건이다.

PROFILING CASE STUDY

청소년 범죄

8

범죄의 근원을 찾아서

큰 사건이 발생했을 때 대다수의 사람들은 범죄자의 이력에 대해 관심을 갖게 된다. 가족관계가 원만했나, 어린 시절 트라우마가 있었나 등등 범죄에 대한 많은 연구 또한 범죄자가 성장기에 어떤 일탈 행위를 행했는지에 대해 살펴보며 현재의 범죄행위를 평가하려는 경우가 많다. 사실 이는 굉장히 중요한 맥락이며, 그중에서도 청소년기에 저항할 수 없는 동물을 대상으로 학대 행위를 가한 이력이 있다면 특히 주목해야 한다. 외부로부터 받은 자극이나 스트레스를 스스로 해소하기 위해 노력하기보다 작은 동물에 대한 학대로 나타나기 때문이다.

이 같은 성향의 청소년은 외부의 자극이나 스트레스를 동물학대로 해소하며 심리적인 안정을 추구하는 이상심리로 발전해 왔기 때문에 성인이 되어서도 이 같은 방식으로 해결하려는 경향성이 높아진다. 그래서 갈등 관계를 합리적으로 해소하기보다 상대방을 공격하기도 하고 극단적으로 살해하기도 하는 범죄로 연결되기도 한다. 청소년기의 위험한 행동은 많은 연구를 통해 밝혀지고 있다.

도박은 어떻게 중독으로 이어지는가

현대사회에서는 청소년기의 공격적인 행위뿐 아니라 도박, 자신의 신체를 해치는 자해 행위 등을 통해 심리적인 만족감을 추구하는 비정상적이고 비이성적인 행동들이 유행처럼 번지고 있는 추세다. 그중에서도 특히 청소년 도박에 관련된 문제는 심각한 문제를 양산하고 있다.

주변에서 내기를 좋아하는 성향의 사람들을 어렵지 않게 볼 수 있다. 이 같은 사람들의 특징은 내기에서 자신이 늘 이길 수 있을 것이라는 확신을 갖는다는 것이다. 자신이 반드시 이길 수 있다고 믿기 때문에 내기에 대한 제안을 하기도 하고 내기를 통해 즐거움을 찾기도 한다. 물론 상식적인 수준과 범주에서 이루어지는 내기라고 한다면 그리 문제되지 않는다.

지금 문제로 제기되고 있는 것은 성장기 청소년들에게서 심각한 도박 증상이 나타나고 있다는 것이다. 이는 성인이 되었을 때 미래를 위한 계획을 수립하고 목적을 이루기 위해 노력하며 많은 시간을 기다리기보다는 짧은 시간에 큰 횡재나 많은 돈 등 일련의 보상을 추구하며 살아갈 수 있는 가능성을 목격하면서 빈번히 발생하는 것으로 보인다. 따라서 이에 따른 위험성이 크다고 보아야 할 것이다.

역사적인 인물들 중에서도 도박으로 인해 어려움을 겪은 이들의 일화를 찾아볼 수 있다. 대문호인 도스토옙스키는 심각한 도박중독자였던 것으로 알려져 있다. 도박 자금 마련을 위해 아내의 결혼반지를 전당포에 맡기기도 했으며 출판사에서 가불한 도박 자금을 갚기 위해 소설을 썼다고도 알려져 있다. 결국 도스토옙스키는 도박으로 인해 가족 간의 갈등이 지속적으로 빚어짐에도 불구하고 스스로 도박을 중단하지 못하고 가족이 해체되는 지경에까지 이르렀다. 이는 도박이라는 것이 심리적으로 불안한 사람들이 빠지게 되며, 그 행위에 중독되는 것이라고 단순하게 치부할 수만은 없는 하나의 예가 되기도 한다.

지금 청소년들의 온라인 도박이 심각한 사회 문제로 떠오르고 있다. 경찰청에 따르면 청소년 도박 범죄는 2018년 48명에서 2020년 55명으로 증가했으며 도박 중독으로 진료를 받은 청소년은 최근 3년 동안 약 50%가 증가한 것으로 나타났다.♀ 온라인 도박은 특정한 장소로 이동해 사람들과 상호작용을 하는 것이 아니라 온라인을 통해 일어나는 일이므로 이를 차단하거나 예방하기가 어려운 한계가 있어 드러나지 않는 문제들을 내포하고 있기도 하다.

도박에 중독되는 가장 핵심적인 이유는 크게 두 가지로 분류하고 있다. 첫 번째는 도박사의 오류, 혹은 도박자의 오류 때문이다. 그리고 두 번째는 통제의 착각이다. 이 두 가지 문제를 도박 중독에 빠지게 되는 가장 큰 원인으로 분석한다.

♀ 강승연 기자, '아이들이 위험하다…청소년 도박 중독 2년새 50% 급증', 헤럴드 경제, 2021. 10. 10.

도박에 빠지는 핵심적인 이유 중 첫 번째인 도박사의 오류란 도박 행위를 하면서 언젠가는 큰돈을 따게 될 것이라는 희망을 갖고 있는 심리 상태를 의미한다. 지금까지는 많은 돈을 잃었지만 어느 시점에 이르러 반드시 회복할 수 있을 거라는 착각과 오류에 빠진다는 것이다.

또한 통제자의 착각이라는 것은 불분명하고 불투명한 상황에 작동하는 것으로, 도박의 승률은 알 수 없는 것임에도 불구하고 자신이 이 상황을 모두 통제하고 있다는 자기기만에 빠지는 것이다. 바로 이 두 가지 요인을 도박 중독에까지 이르게 되는 원인으로 설명한다.

현대 정신건강의학에서는 도박을 비물질중독으로 정의한다. 마약이나 알코올과 같이 물질을 흡수하는 것은 아니지만 일종의 행위중독으로 보는 견해다. 도박으로 인한 청소년 범죄가 발생했을 경우에 추측할 수 있는 것 한 가지는 도박 행위를 통해서 많은 돈을 잃고 난 후 그것을 회복하기 위해서 강력범죄로 이어진다는 연결 고리를 찾을 수 있다는 것이다. 이는 성인 범죄 또한 마찬가지다. 성인 도박에 있어서도 도박 자금 때문에 많은 재산 범죄나 공격성을 띤 유형의 범죄들이 발생하기도 한다. 특히 청소년의 경우 돈을 마련할 수 있는 환경이 굉장히 제한되어 있기 때문에 결국 금품을 강취하거나 갈취하는 행위까지 이어지고 있다. 이는 현대에 들어 급속히 증가하는 특징 중 하나다.

도박에 빠지게 되는 메커니즘을 살펴보면 도박을 하는 사람들이 갖고 있는 대표적인 특징은 도박 행위를 언제든지 스스로 중단할 수 있다고 확신하기 때문에 이를 문제라고 생각하지 않는다는 것이다. 도박 행위가 중독 단계에 들어서면 두 가지 특징을 드러낸다. 첫 번째 특징은 다른 중독과 같이 내성이 생긴다는 것이다. 어느 정도 돈을 따거나 돈을 잃고 나면 이보다 더 많은 것을 추구하게 되므로 점차 더 자극적이고 위험한 도박 행위로 발전해 나간다는 점에서 큰 문제를 안고 있다. 두 번째는 금단증상이다. 자신의 판단에 의해서든, 자금의 문제 때문이든 외적인 요인들로 인해 도박을 중단한 후에는 급격한 우울에 빠지거나 불안을 느끼는 등 정상적이지 않은 경험을 한다. 이 같은 문제에 놓이면 다시 도박 행위를 통해 회복하려는 성향이 강하게 나타난다. 이런 이유로 학계에서는 도박을 행위중독이라고 정의하는 것이다.

처음부터 돈을 많이 따야겠다는 생각으로 도박을 시작하는 사람은 많지 않다. 도박에 빠진 사람들의 특징은 호기심이나 재미로 시작했다가 결과적으로 중독 행위까지 나타나게 되는데 그 과정에서 위험한 자극 요인은 도박 행위의 초기 단계에서 큰돈을 따게 될 경우 그다음부터는 많은 돈을 계속 잃더라도 언젠가는 또 다시 기회가 올 것이라는 착각에 빠지게 된다는 것이다. 큰돈을 따게 되는 초창기 경험은 그 사람의 머릿속에 오랫동안 남아 그것을 다시 회복하기 위한 반복된 행위들을 이어가는 데 영향을 준다. 도박 초기에 큰돈을 따는 것을 '빅윈'이라고 하는데 이를 경험하는 사람들은 심리적인 변화를 겪게 되지만 신체 또한 변화를 일으킨다. 바로 도파민이라고 하는 분비물이 급격하게 분비되는 것이다. 신경전달물질 중 하나인 도파민은 아주 어려운 경우의 수를 가진 일들을 진행할 때 자신이 선택되거나 큰돈을 따게 되면 갑자기 분비가 되어 행복감을 느끼는 감정을 경험하게 하는 호르몬이다. 반면에 세로토닌은 잔잔한 물결과 같아서 평상시에 가깝고 친한 사람, 가족, 자신이 사랑하는 주변 사람과 관계를 유지해 나가면서 대화를 나눌 때 행복감을 느끼게 한다. 도파민은 분비가 이루어진 후에는 이 같은 감정을 다시 추구해 나가고자 하는 경향성이 높아지기 때문에 중독성이 강한 물질이라고 정의하기도 한다.

도박이라는 함정에 빠지는 10대들

현재 청소년들에게서 일어나고 있는 상황을 통해 도박을 시작하게 되는 메커니즘을 발견할 수 있다. 중학교 때부터 도박을 시작했다는 고등학교 2학년 남학생은 우연한 기회에 호기심으로 도박을 시작했다가 그만 중독이 되어 많은 돈을 잃게 되고 급기야 빚을 지고 말았다. 청소년 도박 문제에서 중요한 것은 빚을 갚아야 할 대상이 친구라는 것, 즉 친구들 간에 빚을 지게 만든다는 것이다. 도박을 운영하는 자들은 학생들의 어려운 환경을 이용해 누군가를 소개해주면 빚을 일부 탕감해 주겠다는 제안으로 다른 학생들을 유인해 도박에 가담하게 만드는 방식을 취한다. 이 학생도 선배들의 소개로 도박에 빠져들게 된 사례로 청소년이 도박을 접하게 되는 계기는 이같이 주변의 청소년들을 모집해 도박에 빠져들게 만들고 이 덫에 걸려 헤어나지 못하는 지경까지 이르는 것으로 판단되고 있다.

이를 두고 소위 회원들을 관리한다는 표현을 하기도 한다. 온라인 도박으로 빚을 지고 있는 청소년들을 관리하며 조금씩 승률을 높여주는 조작을 통해 도박에 짐짐 빠져들게 만드는 수법으로 발전해 나가는 것으로 밝혀지고 있다. 청소년의 경우 도박에 중독되어 사채까지 손을 대고 결국 빚이 불어나기 시작하면 이자도 갚지 못해 결국 강력범죄를 저지르는 상황까지 이어지기도 한다.

한국도박문화관리센터에서는 이 같은 현상에 대해 많은 연구를 하고 있다. 게임에 중독된 청소년들 가운데 돈 내기 게임을 하는 경우는 거의 절반 수준에 이르는 것으로 보고 있는데 많은 부분에서 기존 성인의 도박 행위가 가진 문제가 연결 고리를 가지며 조작을 통해 개입하고 있다는 것 또한 무척 우려스러운 점이다. 생산적인 일에 할애해야 할 시간에 청소년들이 도박에 매몰되어 많은 것을 할 수 있는 기회마저 박탈당하는 부분 또한 무척 우려되는 점이다.

청소년이 게임에 빠지는 행태를 연구한 자료를 보면, 복잡하고 승률이 높지 않은 게임으로 시작했다가 중독이 된 후에는 단순한 게임으로 단번에 횡재를 할 수 있는 기회를 노리는 형태로 발전한다. 잃은 돈을 회복하기 위해서는 승률이 낮더라도 굉장히 폭발적인 보상을 받을 수 게임을 해야 한다는 착각에 빠지기 때문이다. 이 때문에 뽑기 게임의 형태를 한 도박이 점차 증가하는 추세를 보이고 있는 것으로 판단된다.

청소년은 대부분 도박중독에 빠지면 자신은 중독자가 아니라고 생각하기 때문에 문제를 해결하고자 하는 주변 사람들을 거부하는 증상을 나타낸다. 그리고 자신은 마음만 먹으면 언제든지 중단할 수 있다는 생각 때문에 이 같은 행동을 교정하려 하지 않는다.

임상적인 측면에서 도박에 빠지는 사람들을 두 가지 유형으로 분류한다. 자극추구형, 그리고 현실도피와 적응장애형이다. 천성적으로 내기를 좋아하고 타고난 도박꾼이라는 평가를 받는다면 자극추구형에 해당한다고 볼 수 있다. 쉽게 말해서 충격적이거나 자극적인 것들을 추구하는 성향이기 때문에 도박을 통해서 이 같은 욕구를 해소하며 자신의 삶을 맞춰가기 때문에 중독까지 이르게 된다는 것이 연구 결과를 통해 나타나고 있다. 이와 같은 유형은 굉장히 경쟁적이며 호기심과 모험심이 많은 어린 시절을 보냈다고 평가받을 수는 있겠지만 결과적으로는 성인이 되어 정상적이지 않은 자극을 추구하는 등 과도한 형태로 나타나기 때문에 성격적인 요인이 작용하는 것으로 설명한다.

두 번째 현실도피, 적응장애형은 타고난 자극추구형과는 달리 현실과 동떨어지고 싶어 하는 욕구가 내재해 있는 것으로 본다. 자신이 현재 처해 있는 상황들이 너무나 힘들고 어렵기 때문에 이것을 탈피하고자 하는 심리적인 기제 때문에 도박에 빠지게 된다고 설명하고 있다. 현실도피와 적응장애유형의 도박중독자들은 결국 자신이 처한 현실에서 도피하고자 자신의 모든 에너지를 쏟을 수 있는 도박에 심취하게 되지만 결국은 그로 인해서 오히려 많은 것을 상실하게 된다. 그리고 이 상실감을 잊기 위해 다시 도박이라는 함정으로 돌아오는 악순환의 고리가 반복되는 현상을 드러낸다.

어떤 면에서 도박은 금전적으로 여유가 있을 때 단순히 호기심과 재미로 시작한다는 오해를 갖고 있기도 하다. 하지만 사실 경제 상황이 심각한 지경에 이를수록 도박에 빠져드는 사람들이 더 증가하는 현상을 나타낸다. 이 같은 현상은 노력을 통해서는 문제를 극복하거나 해결할 수 없다는 생각으로 인해 한 번의 횡재를 통해서 해결할 수 있다고 여기는 도박사의 오류, 그리고 통제의 착각에 빠지게 되어 자신의 많은 것을 던져버리고 노력을 포기해 버리는 심리적인 변화를 일으킨다는 것이다. 이런 유형의 사람들이 중독에 빠지는 경우가 많은데 특히 청소년 범죄에 있어서 도박중독이라는 현상은 또 다른 의미에서 받아들여야 할 중요한 사안이 있다. 그것은 다른 중독에도 빠져들 위험이 높다는 것이기 때문이다. 비물질 중독에 대해 물리적인 접촉이 없어도 중독으로 정의하는 것과 같이 도박과 같은 행위의 결과는 결국 다른 중독으로도 이어질 가능성이 높다는 것이다. 어떤 행위를 통해서 현실을 도피하려 하거나 자신이 느낀 자극을 더 높여가는 심리적인 만족감에서 비롯되는 것이기 때문이다.

소위 도박으로 돈을 잃고 따는 행위를 하는 사람들을 정상적인 사람들이 바라보았을 때 느끼는 감정은 어리석게 돈을 잃는데도 불구하고 계속 매몰되어 있는지 의아해하기 마련이다. 하지만 도박을 하는 사람들이 실제 추구하는 것은 돈을 많이 따고 잃는 등의 승패에 관련된 내용보다는 그 행위를 하는 자체에서 자신의 존재를 느낄 수 있다든지 자신의 가치를 높여준다는 등의 생각을 갖고 있으며 도박 행위가 심리적인 안정감을 주는 요인으로 작용하기 때문에 중단할 수 없게 되는 문제를 가진다.

청소년 범죄의 뒤에는 온라인 도박

지금 우리 사회에서 발생하는 청소년 강력범죄들을 살펴보면 흔히 유흥비를 마련하기 위해 강도 행위를 저질렀다고 표현하고 있지만 사실 그 이면에는 비정상적인 생활을 통해 생긴 빚, 그리고 원하지 않는 금전적인 손해들을 회복하기 위해 범죄를 저지르는 경우가 많으며 그중에 대표적인 것이 바로 온라인 도박인 것으로 드러나고 있다. 그래서 금전적인 여유가 있거나 자신의 감정을 다스릴 수 있는 사람들은 빠져들지 않을 거라는 생각보다는 그들이 어떤 상황에서 이 범죄에 빠지게 되는지 바라볼 필요가 있다.

도박장이 생기면 도박중독자도 늘어난다는 사실은 도박중독자 주변에 도박을 접할 수 있는 기회들이 많다는 것을 의미한다. 어린 시절에 보아왔던 것들, 그러니까 예를 들어 알코올에 만성적으로 노출된 가정에서 어린 시기를 거쳤다면 성장을 한 후에도 많은 사람들이 모두 그렇게 살아가는 것처럼 인식할 수 있기 때문에 이 같은 행위가 별로 죄책감이나 죄의식, 또는 문제의식을 잘 갖지 못하게 만드는 요인으로 작용하기도 한다.

청소년 중에는 애정결핍이나 자신의 존재를 확인하기 위해서, 즉 도박 행위를 통해서 얻는 보상이 자신의 어떤 성취감을 만족시켜 줄 수 있기 때문에 도박에 빠져들게 되는 경우들이 있다, 사실 이는 환경적인 요인이 작용하기도 하고 유전적인 문제도 연관성이 있다는 연구가 있기도 하다. 이 같은 관점에서 바라보았을 때 청소년 문제 중 온라인 도박 외에도 굉장히 위험한 현상 한 가지가 두드러지게 나타나고 있다. 바로 스스로를 위해하는 자해에 대한 문제이다.

나 자신을 공격하는 행위, 자해

자해란 자신의 신체에 상처를 내는 행위를 말한다. 우리 사회에

만연해 있는 오해 중 하나는 청소년이 자해를 하는 이유를 많은 사람들의 관심을 받기 위해서라고 생각한다는 것이다. 스스로 심각한 상처를 낸 후 그 사실을 SNS에 게시하며 사람들에게 대단하며 멋지다는 등의 평가를 통해 만족감을 추구하는 것이라 여긴다는 것이다. 하지만 사실은 그렇지 않다. 자해하는 청소년들을 연구한 자료를 살펴보면 약 30%가 사람들의 평가에 만족감을 느끼는 심리 기제를 갖고 있고 나머지 약 70%는 스스로 헤쳐 나가기 힘든 상황을 버티고 견디기 위한 수단으로 자신을 공격하는 것으로 나타난다. 우리 사회는 이 같은 사실에 주목해야 한다. 자신에게 상처를 입히면서까지 지금의 상황을 벗어나고자 한다는 것은 현실을 직면하기보다 그로부터 회피하거나 도망치고 싶어 하는 심정의 기제를 드러내고 있다는 점이다. 이는 도박에 빠져드는 기제와 자신을 해치는 기제가 크게 다르지 않은 것으로 이 또한 위험한 요인으로 작용하고 있다.

청소년들이 그룹을 만들어 사람들의 금품을 강취하고 강도 행위를 저지르는 사건이 사회문제로 대두되고 있지만 그 이면에는 현실감, 자기에 대한 자아존중감 등을 상실하고 있다는 점에서 청소년 범죄에 대해 주의 깊게 바라보아야 한다. 청소년들이 자기를 스스로 해치는 상황에 다다랐음에도 거기에서 보다 더 만족감을 느끼기가 어려운 상황이 되면 결국 모든 것을 놓아버리는 극단적인 선택으로 이어질 수 있기 때문이다.

청소년의 온라인 도박 문제에 대해 결코 가볍게 여겨서는 안 되며 누구든 인지가 된다면 반드시 초기에 중단할 수 있도록 개입해야 한다. 그렇지 않다면 중독범죄, 강력범죄, 자신을 해치는 범죄로까지 이어질 수 있는 단서가 된다는 것을 깊이 이해해야 할 필요가 있다. 도박과 자해 행위는 같은 맥락이라는 것을 깨달아야 한다.

자해 행위는 결국 자기 스스로를 해치는 행위지만 공격의 행위에도 포함된다. 남을 해치거나 공격할 수 없는 성격적, 환경적, 사회적 상황 등으로 인해 자극을 추구하기 어려우므로 자신을 공격하는 것이기 때문이다.

청소년들이 도박에 빠지는 문제는 자신이 주변 상황을 통제할 수 있다는 잘못된 자기 확신이 강하기 때문으로 해석할 수 있으며, 중독이 되는 원인으로 공통적으로 나타나는 부분 중 하나는 부모나 자신을 양육하는 대상, 그리고 시설 등 양육자와의 애정 관계가 손실되면서 그 손실을 다른 부분을 통해 메우고자 하는 노력에서 비롯된다고 할 수 있다. 현재 우리 사회에서 청소년 도박, 자해와 같은 문제는 매우 위험한 요인으로 작용하고 있다. 이 같은 문제에 대해 좀 더 깊이 인식할 필요가 있을 것이다.

또다시 범죄에 빠지는 10대들

2020년 도박중독으로 치료를 받은 청소년은 100명가량, 불법

도박을 하다 검거된 청소년은 50명 이상으로 늘었다. 이들 청소년들은 대부분 친구나 선후배 등의 소개로 도박에 손을 댔으며 전체 도박의 95%가 온라인상에서 이루어진 것으로 나타났다.[♀]

2018년 청소년 도박 문제 실태조사에 따르면 주변 사람에 의해 도박에 발을 들이는 경우는 79.1%에 달하는 것으로 나타났다. 주위에 끼치는 전염성이 크다는 뜻이다. 청소년들이 도박으로 감당할 수 없는 빚을 지고 2차 범죄를 저지르는 사례가 빈번한 만큼 이에 대한 대책은 반드시 필요하다.

청소년 문제는 비단 온라인 도박에 그치지 않는다. 경찰청이 2018~2020년 만 10~18세 청소년 범죄 통계를 분석한 결과 2020년 만 14~18세의 범죄소년 검거 인원은 6만 4,595명으로 집계됐다. 2020년에 집계된 폭력범과 강력범은 2018년 대비 각각 23.6%, 16% 줄었지만 지능범은 19.9%, 특별법범은 11.4% 증가했다. 지능범은 배임·횡령·사기 등, 특별법범은 교통사범이나 정보통신망법·아동청소년법 위반 등을 의미한다. 강력범은 2,272명에서 1,907명으로 줄어든 반면 특수강도 비중이 늘었다. 특수강도 유형은 가출팸·성매매와 연관되거나 혼성 그룹을 형성해 조건 만남을 빙자해 금전을 갈취하는 수법으로 주로 나타난다. 2021년 5월에는 미성년자 조건 만남을 미끼로 남성들을 유인해 불법 동영상 촬영을

♀ '친구 권유에 손댔다…도박중독에 빠진 10대들', 연합뉴스TV, 2021. 10. 6.

한 후 금품을 요구하는 등 청소년 성매매 알선·공갈 혐의로 학교 밖 청소년 7명이 구속되는 사건도 있었다.♡

또한 청소년의 사이버범죄 검거 인원은 해마다 늘고 있으며 그 중에서도 청소년 메신저 이용 사기 사범은 2019년 45명에서 2020년 225명으로 400%나 급증했다. 코로나19의 영향으로 큰 폭으로 증가한 것으로 분석하고 있다. 계정을 알아내 피해자 행세를 하며 지인에게 금전을 요구하는 식이다.♡♡

2020년 청소년 마약범은 132명으로 전년 대비 83.3% 늘었고, 도박범은 55명으로 129.2% 급증했다. 주목할 점은 만 14~15세 범죄소년 비율이 5.7% 증가한 것이다. 만 10~13세의 촉법소년도 지속 증가했다. 최근 3년 소년범 재범률은 평균 33% 수준이다. 재범자 중에는 전과 3범 이상이 절반 이상이다. 소년범 3명 중 1명은 다시 범죄를 저지른다는 뜻이다. 청소년들의 범죄를 단순히 호기심이나 자극을 위한 일탈로 치부해서는 안 될 것이다. 우리 사회는 지금 청소년 범죄에 대한 관심과 올바른 이해가 필요한 시점에 와 있다.

♡ 홍승환 기자, '청소년 범죄 갈수록 어려지고 지능화 추세 나타나', 내외뉴스통신, 2021. 7. 31.

♡♡ 김주현 기자, '청소년 마약·도박 급증…소년범 3명 중 1명은 다시 범죄'. 2021. 7.29.

케이스
1

청소년 불법도박중독, 그 후

28살의 강○○ 씨는 온라인 도박을 즐겨하던 아버지의 영향으로 도박을 알게 되어 13살에 처음 불법도박을 접했다. 온라인 사설 경마였다. 도박 사이트 운영자는 어린 강○○ 씨에게 총판을 해보라며 유치해 온 회원이 잃는 금액의 일정 비율을 주겠다고 제안했다. 강○○ 씨는 이에 2년 정도 사설 경마 사이트의 총판으로 일했다. 쉽게 돈을 벌 수 있었고 번 돈의 일부는 엄마에게 용돈으로 주기도 했다. 강○○ 씨는 쉽게 번 돈으로 도박을 지속하고 술과 유흥에도 눈을 돌렸다. 몇 년 후 사설 도박장에서 일하게 되면서 본격적으로 온라인 도박에 빠졌다. 하루에 50만 원가량의 돈을 베팅했으며 500만 원을 잃은 날도 있었다. 강○○ 씨는 이때부터 도박 자금 마련에 본격적으로 나섰다.

카드로 결제한 후 현금을 받을 수 있는 '카드깡'과 '휴대폰깡'도 서슴지 않았으며 동생 명의로 1천만 원이 넘는 사채를 끌어 쓰기도 했다. 어느 날은 390만 원을 딴 적이 있었으나 조금 더 따고 싶다는 생각에 결국 딴 돈을 모두 날리기도 했다. 이후 어머니의 월급 통장을 훔쳐 도박을 하기도 했다. 13살에 시작한 도박은 28살이 될 때까지 멈추지 못했다. 세 군데에서 사채를 쓰고 모두 잃은 뒤 결국 극단적 선택을 했다가 친구의 신고로 경찰에 발견되어 병원에 입원 중이다.♀

♀ 김완 기자, '인싸 되고 싶어 시작했는데…결국엔 도박중독에 빚더미', 한겨레, 2020. 5. 26.

케이스
2

6년 전의 선택, 잃어버린 10대

신○○ 씨는 현재 24세로 고등학교 시절 교실에서 쉬는 시간이나 점심시간만 되면 반 친구들이 누군가를 둘러싸고 환호하거나 탄식하는 장면이 궁금해 다가갔다가 한 친구가 불법도박을 하고 있는 장면을 목격했다. 손가락 베팅만으로 쉽게 돈을 딴다고 생각할 즈음 한 친구가 소위 '먹튀' 없는 사이트 총판 코드를 알려준다며 다가왔다.

신○○ 씨는 그때를 회상하며 잘못된 선택이었음을 후회했다. 불법도박은 한 번 시작하면 헤어날 방법이 없으며 결과는 누구나 똑같다고 설명했다. 신○○ 씨는 도박 자금 마련에 나섰고 지인에게 사채를 썼다. 학교에는 불법도박을 하는 학생들을 대상으로 전문적으로 돈을 빌려주는 친구가 있었다. 갖은 핑계를 대며 돈을 빌렸다가 원금은커녕 이자만 늘어났고 급기야 부모의 지갑에 손을 대기 시작했다. 그리고 이어 고가의 휴대전화를 할부로 사서 바로 되파는

'휴대폰깡'을 하기도 했다. 이렇게 진 빚은 5천만 원에 이르렀다.

고등학교 시절 아르바이트로 한 달에 80만 원가량 벌었다는 신○○ 씨는 처음에 30만 원만 베팅하자고 마음먹었지만 뜻대로 되지 않았고 그렇게 도박에 빠져들게 됐다. 한 번은 50만 원을 따 반 친구들에게 간식을 산 적도 있었다고 했다. 지금은 빚을 지고 있지만 곧 제대로 만회할 거라는 생각에 베팅을 지속했던 것이 도박에 빠진 원인이 되고 말았다. 굳은 마음을 먹고 도박을 끊어보기도 했지만 끊어도 끊은 게 아니었다. 도박 앱을 삭제해도 '꽁돈'을 넣어주겠다는 문자메시지에 마음이 흔들렸으며 성 착취 사이트에 띄워진 불법도박 사이트 배너만 봐도 두근거리는 심정을 주체하기 힘들다고 토로했다. 그는 현재 병원에서 입원 치료 중이다.[♡]

♡ 김완 기자, '인싸 되고 싶어 시작했는데…결국엔 도박중독에 빚더미', 한겨레, 2020. 5. 26.

KODAK PORTRA 400
47
5

EBS 클래스ⓔ 시리즈 21

프로파일링 케이스 스터디

1판 1쇄 발행 2021년 11월 30일
3쇄 발행 2022년 12월 31일

지은이 권일용

펴낸이 김유열 | **지식콘텐츠센터장** 이주희 | **지식출판부장** 박혜숙
지식출판부·기획 장효순, 최재진 | **마케팅** 최은영, 이정호
북매니저 윤정아, 김희선, 이민애
방송 이규대, 이예리, 김양희, 박한솔

책임편집 김민영 | **글 정리** 박민정 | **디자인** 온마이페이퍼 | **인쇄** 우진코니티

펴낸곳 한국교육방송공사(EBS)
출판신고 2001년 1월 8일 제2017-000193호
주소 경기도 고양시 일산동구 한류월드로 281
대표전화 1588-1580 **홈페이지** www.ebs.co.kr
이메일 ebs_books@ebs.co.kr

ISBN 978-89-547-6143-7 04300
978-89-547-5388-3 (세트)